First Czech Reader for beginners

Lilie Hašek

First Czech Reader
for beginners
bilingual for speakers of English
Audio tracks available online

LANGUAGE
PRACTICE
PUBLISHING

First Czech Reader for beginners
by Lilie Hašek

Second edition

Images: Canstockphoto
Graphics by Audiolego design

Copyright © 2014 2016 Language Practice Publishing
Copyright © 2015 2016 Audiolego
This book is in copyright. Subject to statutory exception and to the provisions of relevant collective licensing agreements, no reproduction of any part may take place without the written permission of Language Practice Publishing.

Audio tracks: www.lppbooks.com/Czech/FCzR_audio/En/

www.lppbooks.com
www.audiolego.de
www.audiolego.com

Obsah kapitol
Table of contents

The Czech alphabet 6
First Czech Reader Elementary 9
Kapitola 1 Mike má psa 11
Kapitola 2 Bydlí v Bremerhavenu (Německo) 13
Kapitola 3 Oni jsou Němci? 15
Kapitola 4 Můžete mi pomoct, prosím? 18
Kapitola 5 Mike teď bydlí v Německu 21
Kapitola 6 Mike má mnoho přátel 24
Kapitola 7 Stefan kupuje kolo 27
Kapitola 8 Linda chce koupit nové DVD 29
Kapitola 9 Alexander poslouchá americkou hudbu 31
Kapitola 10 Alexander nakupuje učebnice o designu 34
Kapitola 11 Mike si chce vydělat nějaké peníze 37
Kapitola 12 Mike si chce vydělat nějaké peníze (část 2) 40
First Czech Reader Pre-intermediate 43
Kapitola 13 Název hotelu 45
Kapitola 14 Aspirin 47
Kapitola 15 Anke a klokan 50
Kapitola 16 Parašutisté 53
Kapitola 17 Vypni plyn! 57
Kapitola 18 Pracovní agentura 60
Kapitola 19 Stefan a Mike myjí náklaďák 63
Kapitola 20 Stefan a Mike myjí náklaďák (část 2) 66
Kapitola 21 Vyučovací hodina 69
Kapitola 22 Alexander pracuje ve vydavatelství 72
Kapitola 23 Kočičí pravidla 75
Kapitola 24 Týmová práce 78
Kapitola 25 Mike a Stefan si hledají novou práci 81
Kapitola 26 Ucházení se o místo v Bremerhavener Nachrichten 85
Kapitola 27 Policejní hlídka 88
Kapitola 28 Policejní hlídka (část 2) 92
Kapitola 29 Škola pro zahraniční studenty (ŠZS) a au pair 96
Slovník česko-anglický 100
Slovník anglicko-český 111

The Czech alphabet

Letter	Name	IPA value	English Approximate
A a	á	/a/	father
Á á	dlouhé á	/a:/	(long) father
B b	bé	/b/	bed
C c	cé	/ts/	cats
Č č	čé	/tʃ/	chat
D d	dé	/d/	den
Ď ď	ďé	/ɟ/	duel
E e	é	/ɛ/	men
É é	dlouhé é	/ɛ:/	(long) men
Ě ě	ije, é s háčkem	/ɛ/, /jɛ/	men, yes
F f	ef	/f/	fat
G g	gé	/g/	goat
H h	há	/ɦ/	hat
Ch ch	chá	/x/	(Scottish English) loch
I i	í, měkké í	/ɪ/	in
Í í	dlouhé í, dlouhé měkké í	/i:/	(long) me
J j	jé	/j/	youth
K k	ká	/k/	cat
L l	el	/l/	lip
M m	em	/m/	map
N n	en	/n/	nap
Ň ň	eň	/ɲ/	canyon
O o	ó	/o/	rod

Ó ó	dlouhé ó	/o:/	(long) rod
P p	pé	/p/	poke
Q q	kvé	/kv/	
R r	er	/r/	(trilled) rat
Ř ř	eř	/r̝/	bourgois
S s	es	/s/	sip
Š š	eš	/ʃ/	ship
T t	té	/t/	tip
Ť ť	ťé	/c/	tune
U u	ú	/u/	(short) toot
Ú ú	dlouhé ú, ú s čárkou	/u:/	(long) zoo
Ů ů	ů s kroužkem	/u:/	(long) zoo
V v	vé	/v/	void
W w	dvojité vé	/v/	void
X x	iks	/ks/	flex
Y y	ypsilon, krátké tvrdé í	/ɪ/	in
Ý ý	dlouhé ypsilon, dlouhé tvrdé í	/i:/	(long) me
Z z	zet	/z/	zoo
Ž ž	žet	/ʒ/	measure

Stress

The stress is always fixed to the first syllable of a word.

First Czech Reader Elementary

1

Mike má psa
Mike has a dog

A

Slovní zásoba
Words

1. a - and
2. černý - black
3. čtyři - four
4. hezký - nice
5. hodně - many, much
6. hotel - hotel; hotely - hotels
7. hvězda - star
8. já - I
9. jeden - one
10. jeho - his; jeho postel - his bed
11. kniha - book
12. kočka - cat
13. kolo - bike
14. malý - little
15. mít - to have
16. on/ona/ono má - he/she/it has; (On) má knihu. - He has a book.
17. modrá - blue
18. můj, moje - my
19. ne (zápor) - not
20. nos - nose
21. nový - new
22. obchod - shop; obchody - shops
23. okna - windows; okno - window
24. oko - eye; oči - eyes
25. on - he
26. oni, ony - they
27. park - park; parky - parks
28. pero - pen; pera - pens
29. pes - dog
30. pokoj - room; pokoje - rooms
31. postel - bed; postele - beds
32. sen - dream
33. slovo, slovíčko - word; slova, slovíčka - words
34. stoly - tables
35. student - student; studenti - students
36. stůl - table; stoly - tables
37. také, taky – too, also, as well

38. tento, tato, toto - this; tato kniha - this book
39. text - text
40. tyto - these, those
41. ulice (sg.) - street; ulice (pl.) - streets
42. velký - big
43. zápisník - notebook; zápisníky - notebooks
44. zelený - green

B

Mike má psa

1.Tento student má knihu. 2.Má také pero. 3.Bremerhaven má mnoho ulic a parků. 4.Tato ulice má nové hotely a obchody. 5.Tento hotel má čtyři hvězdičky.
6.Tento hotel má mnoho hezkých velkých pokojů. 7.Ten pokoj má mnoho oken. 8.A tyto pokoje nemají mnoho oken. 9.Tyto pokoje mají čtyři postele. 10.A ty pokoje mají jednu postel. 11.Ten pokoj nemá mnoho stolů. 12.A ty pokoje mají mnoho velkých stolů.
13.Tato ulice nemá hotely. 14.Ten velký obchod má hodně oken.
15.Tito studenti mají zápisníky. 16.Mají také pera. 17.Mike má jeden malý černý zápisník. 18.Alexander má čtyři nové zelené zápisníky. 19.Tento student má kolo. 20.Má nové modré kolo. 21.Stefan má také kolo. 22.Má hezké černé kolo.
23.Alexander má sen. 24.Mám také sen. 25.Nemám psa. 26.Mám kočku. 27.Moje kočka má hezké zelené oči. 28.Mike nemá kočku. 29.Má psa. 30.Jeho pes má malý černý nos.

Mike has a dog

1.This student has a book. 2.He has a pen too. 3.Bremerhaven has many streets and parks. 4.This street has new hotels and shops. 5.This hotel has four stars.
6.This hotel has many nice big rooms. 7.That room has many windows. 8.And these rooms do not have many windows. 9.These rooms have four beds. 10.And those rooms have one bed. 11.That room does not have many tables. 12.And those rooms have many big tables.
13.This street does not have hotels. 14.That big shop has many windows.
15.These students have notebooks. 16.They have pens too.
17.Mike has one little black notebook.
18.Alexander has four new green notebooks.
19.This student has a bike. 20.He has a new blue bike. 21.Stefan has a bike too. 22.He has a nice black bike.
23.Alexander has a dream. 24.I have a dream too. 25.I do not have a dog. 26.I have a cat. 27.My cat has nice green eyes. 28.Mike does not have a cat. 29.He has a dog. 30.His dog has a little black nose.

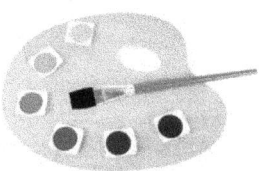

2

Bydlí v Bremerhavenu (Německo)
They live in Bremerhaven (Germany)

A

Slovní zásoba
Words

1. Američan - American
2. bratr - brother
3. bydlet - to live
4. dva (masc.), dvě (fem.) - two
5. hladový - hungry; Mám hlad. - I am hungry.
6. koupit - to buy
7. matka - mother
8. město - city
9. my - we
10. Němec, Němka - German
11. Německo - Germany
12. ona - she
13. sendvič - sandwich
14. sestra - sister
15. supermarket - supermarket
16. Švýcar - Swiss
17. Švýcarsko - Switzerland
18. teď - now
19. ty - you
20. v - in
21. velký - big
22. z, ze - from; z USA - from the USA

B

Bydlí v Bremerhavenu

1.Bremerhaven je velké město. 2.Bremerhaven je v Německu.

3.Toto je Mike. 4.Michal je student. 5.Teď je v

They live in Bremerhaven

1.Bremerhaven is a big city. 2.Bremerhaven is in Germany.

3.This is Mike. 4.Mike is a student. 5.He is in

Bremerhavenu. 6.Mike je z USA. 7.Je Američan. 8.Mike má matku, otce, bratra a sestru. 9.Bydlí v USA.

10.Toto je Alexander. 11.Alexander je také student. 12.Je ze Švýcarska. 13.Je Švýcar. 14.Alexander má matku, otce a dvě sestry. 15.Bydlí ve Švýcarsku.

16.Mike a Alexander jsou teď v supermarketu. 17.Mají hlad. 18.Kupují si sendviče.

19.Toto je Linda. 20.Linda je Němka. 21.Linda bydlí také v Bremerhavenu. 22.Není studentka.

23.Jsem student. 24.Jsem z USA. 25.Teď jsem v Bremerhavenu. 26.Nemám hlad.

27.Ty jsi student. 28.Jsi Švýcar. 29.Teď nejsi ve Švýcarsku. 30.Jsi v Německu.

31.Jsme studenti. 32.Teď jsme v Německu.

33.Toto je kolo. 34.To kolo je modré. 35.To kolo není nové.

36.Toto je pes. 37.Ten pes je černý. 38.Ten pes není velký.

39.Toto jsou obchody. 40.Ty obchody nejsou velké. 41.Jsou malé.

42.Ten obchod má hodně oken. 43.Ty obchody nemají hodně oken.

44.Ta kočka je v pokoji. 45.Ty kočky nejsou v pokoji.

Bremerhaven now. 6.Mike is from USA. 7.He is American. 8.Mike has a mother, a father, a brother and a sister. 9.They live in USA.

10.This is Alexander. 11.Alexander is a student too. 12.He is from Switzerland. 13.He is Swiss. 14.Alexander has a mother, a father and two sisters. 15.They live in Switzerland.

16.Mike and Alexander are in a supermarket now. 17.They are hungry. 18.They buy sandwiches.

19.This is Linda. 20.Linda is German. 21.Linda lives in Bremerhaven too. 22.She is not a student.

23.I am a student. 24.I am from the USA. 25.I am in Bremerhaven now. 26.I am not hungry.

27.You are a student. 28.You are Swiss. 29.You are not in Switzerland now. 30.You are in Germany.

31.We are students. 32.We are in Germany now.

33.This is a bike. 34.The bike is blue. 35.The bike is not new.

36.This is a dog. 37.The dog is black. 38.The dog is not big.

39.These are shops. 40.The shops are not big. 41.They are little.

42.That shop has many windows. 43.Those shops do not have many windows.

44.That cat is in the room. 45.Those cats are not in the room.

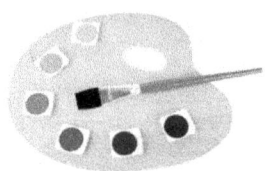

3

Oni jsou Němci?
Are they Germans?

A

Slovní zásoba
Words

1. ano - yes
2. dům - house
3. jak - how
4. její kniha - her book
5. kavárna - café
6. kde - where
7. kluk - boy
8. mapa - map
9. muž - man
10. na - on
11. náš - our
12. ne - no
13. přehrávač CD - CD player
14. španělský - Spanish
15. to - it
16. ty/vy - you
17. v, ve - at
18. všichni - all
19. žena - woman
20. zvíře - animal

B

Oni jsou Němci?

1

- Jsem kluk. Jsem v pokoji.
- Jsi Němec?
- Ne, nejsem. Jsem Američan.
- Jsi student?

Are they Germans?

1

- *I am a boy. I am in the room.*
- *Are you German?*
- *No, I am not. I am American.*
- *Are you a student?*
- *Yes, I am. I am a student.*

- Ano, jsem. Jsem student

2

- To je žena. Žena je také v pokoji.
- Ona je Američanka?
- Ne, není. Je Němka.
- Je studentka?
- Ne, není. Není studentka.
- To je muž. Sedí na stole.
- Je Němec?
- Ano, je. Je Němec

3

- Toto jsou studenti. Jsou v parku.
- Všichni jsou Němci?
- Ne, všichni nejsou. Jsou z Německa, USA a Švýcarska.

4

- To je stůl. Je velký.
- Je nový?
- Ano, je nový.

5

- To je kočka. Je v pokoji.
- Je černá?
- Ano, je. Je černá a hezká.

6

- Toto jsou kola. Jsou v domě.
- Jsou černá?
- Ano, jsou.

7

- Máš zápisník?
- Ano, mám.
- Kolik zápisníků máš?
- Mám dva zápisníky.

8

- Má pero?
- Ano, má.
- Kolik per má?
- Má jedno pero.

9

- Má kolo?
- Ano, má.
- Je její kolo modré?
- Ne, není modré. Je zelené.

10

- Máš španělskou knihu?
- Ne, nemám španělskou knihu. Nemám žádné knihy.

11

- Má kočku?

2

- This is a woman. The woman is in the room too.
- Is she American?
- No, she is not. She is German.
- Is she a student?
- No, she is not. She is not a student.
- This is a man. He is at the table.
- Is he German?
- Yes, he is. He is German.

3

- These are students. They are in the park.
- Are they all Germans?
- No, they are not. They are from Germany, USA and Switzerland.

4

- This is a table. It is big.
- Is it new?
- Yes, it is. It is new.

5

- This is a cat. It is in the room.
- Is it black?
- Yes, it is. It is black and nice.

6

- These are bikes. They are at the house.
- Are they black?
- Yes, they are. They are black.

7

- Do you have a notebook?
- Yes, I have.
- How many notebooks have you?
- I have two notebooks.

8

- Does he have a pen?
- Yes, he has.
- How many pens have he?
- He has one pen.

9

- Does she have a bike?
- Yes, she has.
- Is her bike blue?
- No, it is not. Her bike is not blue. It is green.

10

- Do you have a Spanish book?
- No, I do not. I do not have a Spanish book. I have no books.

11

- Does she have a cat?
- No, she does not. She does not have a

- Ne, nemá. Nemá žádná zvířata.

12
- Máte přehrávač CD?
- Ne, nemáme. Nemáme přehrávač CD.

13
- Kde je naše mapa?
- Naše mapa je v pokoji.
- Je na stole?
- Ano, je na stole.

14
- Kde jsou kluci?
- Jsou v kavárně.
- Kde jsou kola?
- Jsou u kavárny.
- Kde je Alexander?
- Je také v kavárně.

cat. She has no animal.

12
- Do you have a CD player?
- No, we do not. We do not have a CD player.

13
- Where is our map?
- Our map is in the room.
- Is it on the table?
- Yes, it is.

14
- Where are the boys?
- They are in the café.
- Where are the bikes?
- They are at the café.
- Where is Alexander?
- He is in the café too.

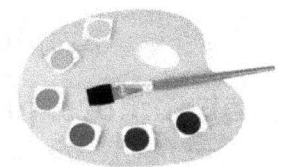

4

Můžete mi pomoct, prosím?
Can you help, please?

A

Slovní zásoba
Words

1. adresa - address
2. ale - but
3. banka - bank; Jedu do banky. - I go to the bank.
4. číst - to read
5. hrát - to play
6. jít - go
7. mluvit - to speak
8. moct, umět - can; Můžu/umím číst. - I can read.
9. muset - must; Musím jít. - I must go.
10. poděkovat - to thank; děkuji - thank you, thanks
11. položit - to place
12. pomoc - help; to help
13. posadit se - to sit
14. pro - for
15. prosím - please
16. psát - to write
17. smět – may; nesmět - must not
18. učit se - to learn
19. vzít - to take

B

Můžete mi pomoct, prosím?
1
- Můžete mi pomoct, prosím?
- Ano, můžu.
- Neumím napsat adresu v němčině. Mohl byste ji pro

Can you help, please?
1
- Can you help me, please?
- Yes, I can.
- I cannot write the address in German. Can you write it for me?

18

mně napsat?
- Ano, můžu.
- Děkuji.

2

- Umíš hrát tenis?
- Ne, neumím. Ale můžu se to naučit. Mohl bys mi pomoct naučit se to?
- Ano. Můžu ti pomoct naučit se hrát tenis.
- Děkuji.

3

- Mluvíš německy?
- Umím mluvit a číst německy, ale neumím psát.
- Mluvíš anglicky?
- Umím mluvit, číst a psát anglicky.
- Linda mluví také anglicky?
- Ne, nemluví. Je Němka.
- Oni mluví německy?
- Ano, trochu. Oni jsou studenti a učí se německy.
- Tento kluk nemluví německy.

4

- Kde jsou?
- Teď hrají tenis.
- Můžeme si zahrat také?
- Ano, můžeme.

5

- Kde je Mike?
- Je asi v kavárně.

6

- Posaď se k tomuto stolu, prosím.
- Děkuji. Smím si na tento stůl položit své knihy?
- Ano, můžeš.

7

- Smí se Alexander posadit k jeho stolu?
- Ano, smí.

8

- Smím se posedit na její postel?
- Ne, nesmíš.
- Smí si Linda vzít jeho přehrávač CD?
- Ne. Nesmí si si vzít jeho přehrávač CD.

9

- Smí si vzít její mapu?
- Ne, nesmí.

10

Nesmíš se posadit na její postel.
Nesmí si vzít jeho přehrávač CD.
Nesmí si vzít tyto zápisníky.

- Yes, I can.
- Thank you.

2

- Can you play tennis?
- No, I cannot. But I can learn. Can you help me to learn?
- Yes, I can. I can help you to learn to play tennis.
- Thank you.

3

- Can you speak German?
- I can speak and read German but I cannot write.
- Can you speak English?
- I can speak, read and write English.
- Can Linda speak English too?
- No, she cannot. She is German.
- Can they speak German?
- Yes, they can a little. They are students and they learn German.
- This boy cannot speak German.

4

- Where are they?
- They play tennis now.
- May we play too?
- Yes, we may.

5

- Where is Mike?
- He may be at the café.

6

- Sit at this table, please.
- Thank you. May I place my books on that table?
- Yes, you may.

7

- May Alexander sit at his table?
- Yes, he may.

8

- May I sit on her bed?
- No, you must not.
- May Linda take his CD player?
- No. She must not take his CD player.

9

- May they take her map?
- No, they may not.

10

You must not sit on her bed.
She must not take his CD player.
They must not take these notebooks.

11
- Musím jít do banky.
- Musíš jít teď?
- Ano, musím.

12
- Musíš se učit anglicky?
- Nemusím se učit anglicky. Musím se učit německy.

13
- Musí jít do banky?
- Ne, nemusí jít do banky.

14
- Smím si vzít toto kolo?
- Ne, nesmíš si vzít toto kolo.
- Smíme položit tyto zápisníky na její postel?
- Ne. Nesmíte ty zápisníky položit na její postel.

11
- I must go to the bank.
- Must you go now?
- Yes, I must.

12
- Must you learn English?
- I need not learn English. I must learn German.

13
- Must she go to the bank?
  No. She need not go to the bank.

14
- May I take this bike?
- No, you must not take this bike.
- May we place these notebooks on her bed?
- No. You must not place the notebooks on her bed.

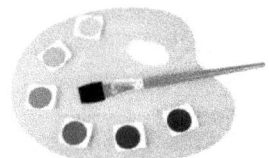

5

Mike teď bydlí v Německu
Mike lives in Germany now

A

Slovní zásoba
Words

1. čaj - tea
2. chtít - to want
3. dobrý, dobře - good, well
4. farma - farm
5. holka - girl
6. hudba - music
7. jíst - to eat
8. lidé - people
9. mít rád/ráda, líbit se - to like, to love
10. nábytek - furniture
11. náměstí - square
12. nějaký/nějaká/nějaké - some
13. noviny - newspaper
14. osm - eight
15. pět - five
16. pít - to drink
17. poslouchat - to listen; Poslouchám hudbu. - I listen to music.
18. potřebovat - need
19. sedm - seven
20. šest - six
21. snídaně - breakfast; snídat - to have breakfast
22. tam - there
23. tři - three
24. židle - chair

B

Mike teď bydlí v Německu
1
Linda čte německy dobře. Také čtu německy. Studenti jdou do parku. Ona jde taky do parku.

Mike lives in Germany now
1
Linda reads German well. I read German too. The students go to the park. She goes to the park too.

2

Bydlíme v Bremerhavenu. Alexander teď bydlí v Bremerhavenu taky. Jeho matka a otec bydlí ve Švýcarsku. Mike teď bydlí v Bremerhavenu. Jeho otec a matka bydlí v USA.

3

Studenti hrají tenis. Alexander hraje dobře. Mike nehraje dobře.

4

Pijeme čaj. Linda pije zelený čaj. Stefan pije černý čaj. Piju také černý čaj.

5

Poslouchám hudbu. Sarah taky poslouchá hudbu. Ráda poslouchá dobrou hudbu.

6

Potřebuji šest zápisníků. Stefan potřebuje sedm zápisníků. Linda potřebuje osm zápisníků.

7

Sarah se chce napít. Chci se taky napít. Alexander se chce najíst.

8

Na stole jsou noviny. Alexander je vezme a čte si je. Rád čte noviny.

9

V pokoji je nějaký nábytek. Je tam šest stolů a šest židlí.

10

V pokoji jsou tři holky. Snídají.

11

Sarah jí chléb a pije čaj. Má ráda zelený čaj.

12

Na stole jsou nějaké knihy. Nejsou nové. Jsou staré.

13

- Je na této ulici banka?
- Ano, je. Na této ulici je pět bank. Ty banky nejsou velké.

14

- Jsou na náměstí lidé?
- Ano, jsou. Na náměstí je několik lidí.

15

- Jsou v kavárně kola?
- Ano, jsou. V kavárně jsou čtyři kola. Nejsou nová.

16

- Je na této ulici hotel?

2

We live in Bremerhaven. Alexander lives in Bremerhaven now too. His father and mother live in Switzerland. Mike lives in Bremerhaven now. His father and mother live in USA.

3

The students play tennis. Alexander plays well. Mike does not play well.

4

We drink tea. Linda drinks green tea. Stefan drinks black tea. I drink black tea too.

5

I listen to music. Sarah listens to music too. She likes to listen to good music.

6

I need six notebooks. Stefan needs seven notebooks. Linda needs eight notebooks.

7

Sarah wants to drink. I want to drink too. Alexander wants to eat.

8

There is a newspaper on the table. Alexander takes it and reads. He likes to read newspapers.

9

There is some furniture in the room. There are six tables and six chairs there.

10

There are three girls in the room. They are eating breakfast.

11

Sarah is eating bread and drinking tea. She likes green tea.

12

There are some books on the table. They are not new. They are old.

13

- Is there a bank in this street?
- Yes, there is. There are five banks in this street. The banks are not big.

14

- Are there people in the square?
- Yes, there are. There are some people in the square.

15

- Are there bikes at the café?
- Yes, there are. There are four bikes at the café. They are not new.

16

- Is there a hotel in this street?
- No, there is not. There are no hotels in this street.

\- Ne, není. Na této ulici nejsou žádné hotely.

17
\- Jsou na té ulici nějaké velké obchody?
\- Ne, nejsou. Na té ulici nejsou žádné velké obchody.

18
\- Jsou v Německu nějaké farmy?
\- Ano, jsou. V Německu je mnoho farem.

19
\- Je v tom pokoji nějaký nábytek?
\- Ano, je. Jsou tam čtyři stoly a nějaké židle.

17
- Are there any big shops in that street?
- No, there are not. There are no big shops in that street.

18
- Are there any farms in Germany?
- Yes, there are. There are many farms in Germany.

19
- Is there any furniture in that room?
- Yes, there is. There are four tables and some chairs there.

6

Mike má mnoho přátel
Mike has many friends

A

Slovní zásoba
Words

1. agentura - agency
2. auto - car
3. CD - CD
4. čistý, čistotný - clean
5. do - into
6. dveře - door
7. hodně, mnoho, spousta - much, many; mít hodně práce - have a lot of work
8. káva - coffee
9. kuchař/kuchařka - cook
10. mít toho hodně - to have a lot of work
11. otec, tatínek - dad
12. počítač - computer
13. pod - under
14. práce - job; pracovní agentura - job agency
15. přijít/přijet, odejít/odjet - come, go
16. přítel - friend
17. Stefanova kniha - Stefan's book
18. také, taky - as well
19. volný - free; volný čas - free time
20. znát, umět - to know

B

Mike má mnoho přátel

1
Mike má mnoho přátel. Mikovi přátelé chodí do kavárny. Rádi pijí kávu. Mikovi přátelé pijí hodně kávy.

2
Alexandrův otec má auto. Otcovo auto je čisté, ale staré. Alexandrův otec jezdí hodně. Má dobrou práci

Mike has many friends

1
Mike has many friends. Mike's friends go to the café. They like to drink coffee. Mike's friends drink a lot of coffee.

2
Alexander's dad has a car. The dad's car is clean but old. Alexander's dad drives a lot. He has a good job and he has a lot of work now.

a teď má hodně práce.

3
Stefan má mnoho CD. Stefanovo CD jsou na jeho posteli. Stefanův přehrávač CD je také na jeho posteli.

4
Mike čte německé noviny. V pokoji u Mikea je na stole hodně novin.

5
Anke má kočku a psa. Kočka Anke je v pokoji pod postelí. Pes Anke je v pokoji také.

6
V tomto autě je muž. Tento muž má mapu. Mužova mapa je velká. Tento muž hodně jezdí.

7
Jsem student. Mám hodně volného času. Jdu do pracovní agentury. Potřebuji dobrou práci.

8
Alexander a Mike mají málo volného času. Jdou také do pracovní agentury. Alexander má počítač. Agentura dá snad Alexandrovi dobrou práci.

9
Linda má novou kuchařku. Lindina kuchařka je dobrá a čistá. Vaří snídani pro své děti. Anke a Stefan jsou Lindiny děti. Lindiny děti pijí hodně čaje. Matka pije trochu kávy. Matka Anke umí říct anglicky několik málo slov. Mluví trochu anglicky. Linda má práci. Má málo volného času.

10
Mike mluví trochu německy. Mike zná velmi málo německých slov. Já znám hodně německých slov. Umím trochu mluvit německy. Tato žena zná mnoho německých slov. Umí mluvit německy dobře.

11
Elmar pracuje v pracovní agentuře. Tato pracovní agentura je v Bremerhavenu. Elmar má auto. Elmarovo auto je na ulici. Elmar má spoustu práce. Musí jet do agentury. Jede tam autem. Elmar přichází do agentury. Je tam hodně studentů. Potřebují práci. Pomáhat studentům je Elmarova práce.

12
Před hotelem je auto. Dveře tohoto auta nejsou čisté. V tomto hotelu bydlí hodně studentů. Hotelové pokoje jsou malé, ale čisté.

3
Stefan has a lot of CDs. Stefan's CDs are on his bed. Stefan's CD player is on his bed as well.

4
Mike reads German newspapers. There are many newspapers on the table in Mike's room.

5
Anke has a cat and a dog. Anke's cat is in the room under the bed. Anke's dog is in the room as well.

6
There is a man in this car. This man has a map. The man's map is big. This man drives a lot.

7
I am a student. I have a lot of free time. I go to a job agency. I need a good job.

8
Alexander and Mike have a little free time. They go to the job agency as well. Alexander has a computer. The agency may give Alexander a good job.

9
Linda has a new cook. Linda's cook is good and clean. She cooks breakfast for her children. Anke and Stefan are Linda's children. Linda's children drink a lot of tea. The mother drinks a little coffee. Anke's mother can speak very few English words. She speaks English very little. Linda has a job. She has little free time.

10
Mike can speak German little. Mike knows very few German words. I know a lot of German words. I can speak German a little. This woman knows many German words. She can speak German well.

11
Elmar works at a job agency. This job agency is in Bremerhaven. Elmar has a car. Elmar's car is in the street. Elmar has a lot of work. He must go to the agency. He drives there. Elmar comes into the agency. There are a lot of students there. They need jobs. Elmar's job is to help the students.

12
There is a car at the hotel. The doors of this car are not clean. Many students live in this hotel. The rooms of the hotel are little but clean.

13

Toto je Mikeův pokoj. Okno v pokoji je velké a čisté.

13

This is Mike's room. The window of the room is big and clean.

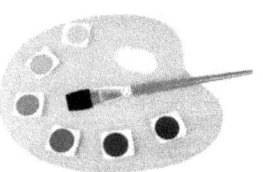

7

Stefan kupuje kolo
Stefan buys a bike

A

Slovní zásoba
Words

1. autobus - bus; jet autobusem - to go by bus
2. čas - time
3. centrum - centre; centrum města - city centre
4. dělat, udělat (si) - to make; kávovar - coffee-maker
5. dělník - worker
6. dnes - today
7. domov - home; jít domů - go home
8. firma - firm
9. firmy - firms
10. fronta - queue; jeden po druhém - one by one
11. jezdit na kole - to go by bike, to ride a bike
12. kancelář - office
13. koupelna - bathroom; vana - bath
14. koupelnový stolek - bathroom table
15. kuchyně - kitchen
16. mýt - to wash
17. občerstvení - snack
18. obličej - face
19. pak - then; poté, co - after that
20. ráno - morning
21. s, se - with
22. sobota - Saturday
23. sport - sport; sportovní obchod - sport shop; sportovní kolo - sport bike
24. umyvadlo - washer

B

Stefan kupuje kolo

Je sobota ráno. Stefan jde do koupelny. Koupelna není velká. Je tam vana, umyvadlo a koupelnový stolek. Stefan si myje obličej. Poté jde do kuchyně. Na kuchyňském stolu je konvice na čaj. Stefan snídá. Stefanova snídaně není velká. Poté si udělá kávu v kávovaru a vypije ji. Dnes chce zajít do sportovního obchodu. Stefan jde na ulici. Nastoupi do autobusu číslo sedm. Cesta autobusem do obchodu Stefanovi trvá jen chvíli.
Stefan jde do sportovního obchodu. Chce si koupit nové sportovní kolo. Je tam spousta nových sportovních kol. Jsou černá, modrá a zelená. Stefan má rád modrá kola. Chce si koupit modré. V obchodě je fronta. Stefanovi trvá dlouho, než si koupí kolo. Pak jde na ulici a vyjede na kole. Jede do centra města. Pak jede z centra města do městského parku. Jezdit na novém sportovním kole je tak hezké!

Je sobota ráno, ale Elmar je ve své kanceláři. Dnes má hodně práce. Před Elmarovou kanceláří je fronta. Ve frontě je mnoho studentů a dělníků. Potřebují práci. Jeden po druhém chodí do Elmarovy místnosti. Mluví s Elmarem. Pak jim dá adresy firem.
Teď je čas na svačinu. Elmar si udělá v kávovaru kávu. Jí svou svačinu a pije kávu. Teď před jeho kanceláří není žádná fronta. Elmar může jít domů. Jde na ulici. Dnes je tak hezky! Elmar jde domů. Vezme své děti a jde do městského parku. Mají se tam hezky.

Stefan buys a bike

It is Saturday morning. Stefan goes to the bathroom. The bathroom is not big. There is a bath, a washer and a bathroom table there. Stefan washes his face. Then he goes to the kitchen. There is a tea-maker on the kitchen table. Stefan eats his breakfast. Stefan's breakfast is not big. Then he makes some coffee with the coffee-maker and drinks it. He wants to go to a sport shop today. Stefan goes into the street. He takes bus seven. It takes Stefan a little time to go to the shop by bus.
Stefan goes into the sport shop. He wants to buy a new sport bike. There are a lot of sport bikes there. They are black, blue and green. Stefan likes blue bikes. He wants to buy a blue one. There is a queue in the shop. It takes Stefan a lot of time to buy the bike. Then he goes to the street and rides the bike. He rides to the city centre. Then he rides from the city centre to the city park. It is so nice to ride a new sport bike!

It is Saturday morning but Elmar is in his office. He has a lot of work today. There is a queue to Elmar's office. There are many students and workers in the queue. They need a job. They go one by one into Elmar's room. They speak with Elmar. Then he gives addresses of firms.
It is snack time now. Elmar makes some coffee with the coffee maker. He eats his snack and drinks some coffee. There is no queue to his office now. Elmar can go home. He goes into the street. It is so nice today! Elmar goes home. He takes his children and goes to the city park. They have a nice time there.

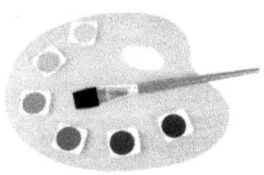

8

Linda chce koupit nové DVD
Linda wants buy a new DVD

A

Slovní zásoba
Words

1. dlouhý - long
2. dobrodružství - adventure
3. dvacet - twenty
4. DVD - DVD
5. film - film
6. hodina - hour
7. hrnek, pohár - cup
8. krabice - box
9. mladý - young
10. než - than; Elmar je starší než Linda. - Elmar is older than Linda.
11. oblíbený - favourite; oblíbený film - favourite film
12. odjet, odejít - to go away
13. patnáct - fifteen
14. podat, dát - to hand
15. požádat, zeptat se - to ask
16. přátelský - friendly
17. prodavač, prodavačka - shop assistant
18. říct - to say
19. trvat - to last, to take; Film trvá více než tři hodiny - The movie is more than three hours long
20. ukázat - to show
21. velký - větší - největší - big-bigger-biggest
22. víc - more
23. video prodejna - video-shop
24. videokazeta - videocassette
25. zajímavý - interesting
26. že - that; Vím, že tato kniha je zajímavá. - I know that this book is interesting.

B

Linda chce koupit nové DVD

Stefan a Anke jsou Lindiny děti. Anke je nejmladší dítě. Je jí pět let. Stefan je o patnáct let starší než Anke. Je mu dvacet. Anke je mnohem mladší než Stefan.

Anke, Linda a Stefan jsou v kuchyni. Pijou čaj. Pohár Anke je velký. Pohár Lindy je větší. Pohár Stefana je největší.

Linda má spoustu videokazet a DVD se zajímavými filmy. Chce si koupit novější film. Jde do video prodejny. Je zde mnoho krabic s videokazetami a DVD. Požádá prodavačku o pomoc. Prodavačka Lindě podá nějaké kazety. Linda chce vědět víc o těchto filmech, ale prodavačka odchází.

V prodejně je ještě jedna prodavačka a ta je přátelštější. Zeptá se Lindy na její oblíbené filmy. Linda má ráda romantické filmy a dobrodružné filmy. Film "Titanic" je její oblíbený film. Prodavačka ukáže Lindě DVD s nejnovějším hollywoodským filmem "Německý přítel". Je to o romantickém dobrodružství muže a mladé ženy v Německu.

Také Lindě ukáže DVD s filmem "Podnik". Prodavačka říká, že film "Podnik" je jedním z nejzajímavějších filmů. A je to také jeden z nejdelších filmů. Trvá déle než tři hodiny. Linda má ráda delší filmy. Říká, že "Titanic" je nejzajímavější a nejdelší film, který má. Linda si koupí DVD s filmem "Podnik". Poděkuje prodavačce a odchází.

Linda wants to buy a new DVD

Stefan and Anke are Linda's children. Anke is the youngest child. She is five years old. Stefan is fifteen years older than Anke. He is twenty. Anke is much younger than Stefan.

Anke, Linda and Stefan are in the kitchen. They drink tea. Anke's cup is big. Linda's cup is bigger. Stefan's cup is the biggest.

Linda has a lot of videocassettes and DVDs with interesting films. She wants to buy a newer film. She goes to a video-shop. There are many boxes with videocassettes and DVDs there. She asks a shop assistant to help her. The shop assistant hands Linda some cassettes. Linda wants to know more about these films but the shop assistant goes away.

There is one more shop assistant in the shop and she is friendlier. She asks Linda about her favorite films. Linda likes romantic films and adventure films. The film "Titanic" is her favorite film. The shop assistant shows Linda a DVD with the newest Hollywood film "The German Friend". It is about romantic adventures of a man and a young woman in Germany.

She shows Linda a DVD with the film "The Firm" as well. The shop assistant says that the film "The Firm" is one of the most interesting films. And it is one of the longest films as well. It is more than three hours long. Linda likes longer films. She says that "Titanic" is the most interesting and the longest film that she has. Linda buys a DVD with the film "The Firm". She thanks the shop assistant and goes.

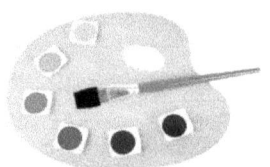

9

Alexander poslouchá americkou hudbu
Alexander listens to American songs

A

Slovní zásoba
Words

1. asi - about
2. běhat, běžet - to run
3. blízkost - nearness; blízko, v blízkosti, u - near, nearby, next
4. chléb - bread
5. den - day
6. hlava - head; (za)mířit - to head, to go
7. jednoduchý - simple
8. jméno - name; (vy)jmenovat - to name
9. každý, každá, každé - every
10. klobouk - hat
11. líbit se - to like; To se mi líbí. - I like that.
12. máslo - butter
13. minuta - minute
14. nefunguje - out of order
15. před - before
16. protože - because
17. rodina - family
18. skákat - to jump; skok – jump
19. (studentská) kolej - dorms
20. stydět se - to be ashamed; stydí se - he is ashamed
21. taška - bag
22. telefon - telephone; telefonovat - to telephone
23. velmi - very
24. věta - phrase
25. začít - to begin
26. zavolat, zatelefonovat - to call on the phone; telefonní centrum - call centre
27. zpěvák - singer
28. zpívat - sing

B

Alexander poslouchá americkou hudbu

Carol je studentka. Je jí dvacet let. Carol je z USA. Bydlí ve studentské koleji. Je to velmi pěkné děvče. Carol má na sobě modré šaty. Na hlavě má klobouk.
Carol chce dnes zatelefonovat své rodině. Míří do telefonního centra, protože její telefon nefunguje. Centrum se nachází před kavárnou. Carol telefonuje se svou rodinou. Mluví se svou matkou a otcem. Volání trvá asi pět minut. Pak zavolá své přítelkyni Angele. Volání trvá asi tři minuty.

Mike má rád sport. Každé ráno běhá v parku u koleji. Dnes běhá také. Také skáče. Jeho skoky jsou velmi dlouhé. Alexander a Stefan běhají a skáčou s Mikem. Stefanovy skoky jsou delší. Alexandrovy skoky jsou nejdelší. Skáče ze všech nejlíp. Mike a Alexander pak běží na kolej a Stefan běží domů.
Mike má své snídaně ve svém pokoji. Bere si chléb s máslem. Na kávovaru udělá kafe. Pak si máslem namaže chleba a jí.
Mike žije na koleji v Bremerhavenu. Jeho pokoj je vedle Alexandrova pokoje. Mikeův pokoj není velký. Je čistý, protože Mike si uklízí každý den. Je zde stůl, postel, pár židlí a další nábytek. Mikeovy knihy a zápisníky jsou na stole. Jeho baťoh je pod stolem. Židle jsou u stolu. Mike veme do rukou nějaké CD a zamíří k Alexandrovi, protože Alexander chce poslouchat americkou hudbu.
Alexander je ve svém pokoji u stolu. Jeho kočka je pod stolem. Před kočkou je kousek chleba. Kočka jí chléb. Mike podá Alexandrovi CD. Na CD je nejlepší americká hudba. Alexander chce také znát jména amerických zpěváků. Mike jmenuje své oblíbené zpěváky. Jmenuje Avril Lavigne, Madonnu, Mikea Anthonyho a Jennifer López. Tyto jména jsou pro Alexandra nové.
Poslouchá CD a pak začne zpívat americké písničky! Tyto písně se mu velmi líbí. Alexander žádá Mikea o napsání slov písniček. Mike pro

Alexander listens to American songs

Carol is a student. She is twenty years old. Carol is from the USA. She lives in the student dorms. She is a very nice girl. Carol has a blue dress on. There is a hat on her head.
Carol wants to telephone her family today. She heads to the call centre because her telephone is out of order. The call centre is in front of the café. Carol calls her family. She speaks with her mother and father. The call takes her about five minutes. Then she calls her friend Angela. This call takes her about three minutes.

Mike likes sport. He runs every morning in the park near the dorms. He is running today too. He jumps as well. His jumps are very long. Alexander and Stefan run and jump with Mike. Stefan's jumps are longer. Alexander's jumps are the longest. He jumps best of all. Then Mike and Alexander run to the dorms and Stefan runs home. Mike has his breakfast in his room. He takes bread and butter. He makes some coffee with the coffee-maker. Then he butters the bread and eats.
Mike lives in the dorms in Bremerhaven. His room is near Alexander's room. Mike's room is not big. It is clean because Mike cleans it every day. There is a table, a bed, some chairs and some more furniture in his room. Mike's books and notebooks are on the table. His bag is under the table. The chairs are at the table. Mike takes some CDs in his hand and heads to Alexander's because Alexander wants to listen to American music. Alexander is in his room at the table. His cat is under the table. There is some bread before the cat. The cat eats the bread. Mike hands the CDs to Alexander. There is the best American music on the CDs. Alexander wants to know the names of the American singers as well. Mike names his favorite singers. He names Avril Lavigne, Madonna, Mike Anthony, and Jennifer López. These names are new to Alexander.
He listens to the CDs and then begins to sing the American songs! He likes these songs very much. Alexander asks Mike to write the words of the songs. Mike writes the words of the best American songs for Alexander. Alexander says that he wants

Alexandra napíše slova nejlepších amerických písní. Alexander říká, že se chce naučit slova některých písní a žádá Mikea o pomoc. Mike pomáhá Alexandrovi naučit se americká slova. To zabere hodně času, protože Mike neumí dobře mluvit německy. Mike se stydí. Nemůže říct některé základní věty! Pak Mike jde do svého pokoje a učí se německy.

to learn the words of some songs and asks Mike to help. Mike helps Alexander to learn the American words. It takes a lot of time because Mike cannot speak German well. Mike is ashamed. He cannot say some simple phrases! Then Mike goes to his room and learns German.

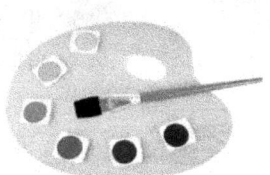

10

Alexander nakupuje učebnice o designu
Alexander buys textbooks on design

A

Slovní zásoba
Words

1. design - design
2. dobrý - fine
3. dobrý den - hello
4. druh - kind, type
5. jazyk - language
6. jemu, mu - him
7. jen, pouze - only
8. kterýkoliv - any
9. lekce - lesson
10. na shledanou, nashle - bye
11. obrázek, fotografie - picture
12. opravdu, skutečně – really
13. (po)dívat (se) - to look
14. program - program
15. rodný jazyk - native language
16. stát - to cost
17. studovat - to study
18. učebnice - textbook
19. vidět - to see
20. vybrat si, vybírat - to choose
21. vysoká škola - college
22. vysvětlit - to explain
23. zaplatit - to pay

B

Alexander nakupuje učebnice o designu

Alexander je Švýcar a francouzština je jeho rodným jazykem. Studuje design na vysoké škole v Bremerhavenu.

Alexander buys textbooks on design

Alexander is Swiss and French is his native language. He studies design at college in Bremerhaven.
It is Saturday today and Alexander has a lot of

34

Dnes je sobota a Alexander má spoustu volného času. Chce si koupit nějaké knihy o designu. Jde do blízkého knihkupectví. Možná mají nějaké učebnice o designu. Přijde do obchodu a dívá se na stoly s knihami. K Alexandrovi přichází žena. Je to prodavačka.
"Dobrý den. Mohu vám pomoci?" - ptá se ho prodavačka.
"Dobrý den," říká Alexander, "Studuji design na vysoké škole. Potřebuju nějaké učebnice. Máte nějaké učebnice o designu?" - ptá se jí Alexander.
"Jaký druh designu? Máme nějaké učebnice o designu nábytku, designu aut, sportovním designu, internetovém designu," vysvětluje mu.
"Můžete mi ukázat nějaké učebnice o designu nábytku a internetovém designu?" - říká jí Alexander.
"Můžete si vybrat z knih z následujících stolů. Podívejte se na ně. Toto je kniha od italského návrháře nábytku Palatina. Tento návrhář vysvětluje design italského nábytku. Také vysvětluje design nábytku v Evropě a USA. Jsou zde dobré obrázky," vysvětluje prodavačka.
"Vidím, že v knize jsou taky nějaké lekce. Tato kniha je opravdu dobrá. Kolik stojí?" - ptá se jí Alexander.
"Stojí 52 eur. A ke knize máte CD. Na CD je počítačový program pro design nábytku," říká mu prodavačka.
"Opravdu se mi líbí," říká Alexander.
"Nějaké učebnice o internetovém designu můžete vidět tam," vysvětluje mu žena, "Tato kniha je o počítačovém programu Microsoft Office. A tyto knihy jsou o počítačovém programu Flash. Podívejte se na tuto červenou knihu. Je o Flash a má několik zajímavých lekcí. Vyberte si, prosím."
"Kolik stojí tato červená kniha?" - ptá se jí Alexander.
"Tato kniha se dvěma CD stojí pouze 43 eur," říká mu prodavačka.
"Chci si koupit tuto knížku od Palatina o designu nábytku a tuto červenou knihu o Flash. Kolik za ně musím zaplatit?" ptá se Alexander.
"Za tyto dvě knihy zaplatíte 95 eur," říká mu prodavačka.
Alexander platí. Potom si vezme knihy a CD.

free time. He wants to buy some books on design. He goes to the nearby book shop. They may have some textbooks on design. He comes into the shop and looks at the tables with books. A woman comes to Alexander. She is a shop assistant.
"Hello. Can I help you?" the shop assistant asks him.
"Hello," Alexander says, "I study design at college. I need some textbooks. Do you have any textbooks on design?" Alexander asks her.
"What kind of design? We have some textbooks on furniture design, car design, sport design, internet design," she explains to him.
"Can you show me some textbooks on furniture design and internet design?" Alexander says to her.
"You can choose the books from the next tables. Look at them. This is a book by Italian furniture designer Palatino. This designer explains the design of Italian furniture. He explains the furniture design of Europe and the USA as well. There are some fine pictures there," the shop assistant explains.
"I see there are some lessons in the book too. This book is really fine. How much is it?" Alexander asks her.
"It costs 52 euros. And with the book you have a CD. There is a computer program for furniture design on the CD," the shop assistant says to him.
"I really like it," Alexander says.
"You can see some textbooks on internet design there," the woman explains to him, "This book is about the computer program Microsoft Office. And these books are about the computer program Flash. Look at this red book. It is about Flash and it has some interesting lessons. Choose, please."
"How much is this red book?" Alexander asks her.
"This book, with two CDs, costs only 43 euros," the shop assistant says to him.
"I want to buy this book by Palatino about furniture design and this red book about Flash. How much must I pay for them?" Alexander asks.
"You need to pay 95 euros for these two books," the shop assistant says to him.
Alexander pays. Then he takes the books and the

"Na shledanou," říká mu prodavačka.
"Nashle," říká jí Alexander a odchází.

CDs.
"Bye," the shop assistant says to him.
"Bye," Alexander says to her and goes.

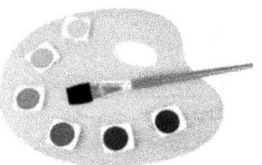

11

Mike si chce vydělat nějaké peníze
Mike wants to earn some money

A

Slovní zásoba
Words

1. část - part
2. číslo - number
3. den - day; každý den - daily
4. dobře, OK - OK, well
5. dopis - note
6. doprava - transport
7. energie - energy
8. hodina - hour; na/za hodinu - hourly
9. hodin(y) - o'clock; Jsou dvě hodiny. - It is two o'clock.
10. konec - finish; skončit - to finish
11. krabice - box
12. líp / lépe - better
13. náklaďák - truck
14. naložit, nakládat - to load,
15. nakladač - loader
16. normální - usual; normálně - usually
17. jednoho navíc - one more
18. odpověď - answer; odpovídat - to answer
19. personální oddělení - personnel department
20. po - after
21. pokračování - to be continued
22. (po)rozumět - to understand
23. rychlý, rychle - quick, quickly
24. seznam - list
25. těžký - hard
26. vydělat (si) - to earn; Vydělávám 10 eur na hodinu. - I earn 10 euros per hour.

Mike si chce vydělat nějaké peníze
(část 1)

Mike má každý den po škole volno. Chce si vydělat nějaké peníze. Míří do pracovní agentury. Dají mu adresu dopravního podniku. Dopravní podnik *Rapid* potřebuje nakladače. Tato práce je opravdu těžká. Ale platí 11 eur na hodinu. Mike chce vzít tuto práci. Tak jde do kanceláře dopravního podniku.
"Dobrý den. Mám pro vás dopis od pracovní agentury," říká Mike ženě z personálního oddělení podniku. Dá jí dopis.
"Dobrý den," říká žena, "Mé jméno je Isolde Pohl. Jsem vedoucí personálního oddělení. Jak se jmenujete?"
"Jmenuji se Mike Sullivan," říká Mike.
"Jste Němec?" - ptá se Isolde.
"Ne. Jsem Američan," odpovídá Mike.
"Umíte dobře mluvit a číst německy?" - ptá se.
"Ano, umím," říká.
"Kolik je vám let, Miku?" - ptá se.
"Je mi dvacet let," odpovídá Mike.
"Chcete pracovat v dopravním podniku jako nakladač?" - ptá se ho vedoucí personálního oddělení.
Mike se stydí říct, že nemůže mít lepší práci, protože neumí dobře mluvit německy. Tak říká: "Chci si vydělat 11 eur za hodinu."
"Dobře, dobře," říká Isolda, "Náš dopravní podnik obvykle nemá moc nakládací práce. Ale teď opravdu potřebujeme o jednoho nakladače navíc. Zvládnete rychle naložit krabice s nákladem 20 kilogramů?"
"Ano, zvládnu. Mám spoustu energie," odpovídá Mike.
"Nakladače potřebujeme každý den na tři hodiny. Můžete pracovat od čtyř do sedmi hodin?" - ptá se.
"Ano, moje vyučování končí v jednu hodinu," odpovídá jí student.
"Kdy můžete začít pracovat?" - ptá se vedoucí personálního oddělení.
"Můžu začít teď," odpovídá Mike.
"Dobře. Podívejte se na tenhle ložný list. Jsou zde jména firem a obchodů," vysvětluje Isolde, "Každá

Mike wants to earn some money
(part 1)

Mike has free time daily after college. He wants to earn some money. He heads to a job agency. They give him the address of a transport firm. The transport firm Rapid needs a loader. This work is really hard. But they pay 11 euros per hour. Mike wants to take this job. So he goes to the office of the transport firm.
"Hello. I have a note for you from a job agency," Mike says to a woman in the personnel department of the firm. He gives her the note.
"Hello," the woman says, "My name is Isolde Pohl. I am the head of the personnel department. What is your name?"
"My name is Mike Sullivan" Mike says.
"Are you German?" Isolde asks.
"No. I am American," Mike answers.
"Can you speak and read German well?" she asks.
"Yes, I can," he says.
"How old are you, Mike?" she asks.
"I am twenty years old," Mike answers.
"Do you want to work at the transport firm as a loader?" the head of the personnel department asks him.
Mike is ashamed to say that he cannot have a better job because he cannot speak German well. So he says: "I want to earn 11 euros per hour."
"Well-well," Isolde says, "Our transport firm usually does not have much loading work. But now we really need one more loader. Can you load quickly boxes with 20 kilograms of load?"
"Yes, I can. I have a lot of energy," Mike answers.
"We need a loader daily for three hours. Can you work from four to seven o'clock?" she asks.
"Yes, my lessons finish at one o'clock," the student answers to her.
"When can you begin the work?" the head of the personnel department asks him.
"I can begin now," Mike answers.
"Well. Look at this loading list. There are some names of firms and shops in the list," Isolde explains, "Every firm and shop has some

firma a obchod má nějaká čísla. Jsou to čísla krabic. A toto jsou čísla náklaďáků, kam musíte naložit tyto krabice. Náklaďáky přijíždějí a odjíždějí každou hodinu. Takže musíte pracovat rychle. OK?"
"OK," odpovídá Mike, který Isolde dobře neporozuměl.
"Vezměte si tenhle ložný list a jděte do nakládacích dveří číslo tři," říká Mikeovi vedoucí personálního oddělení. Mike bere ložný list a jde do práce.

(pokračování)

numbers. They are numbers of the boxes. And these are numbers of the trucks where you must load these boxes. The trucks come and go hourly. So you need to work quickly. OK?"
"OK," Mike answers, not understanding Isolde well.
"Now take this loading list and go to the loading door number three." the head of the personnel department says to Mike. Mike takes the loading list and goes to work.

(to be continued)

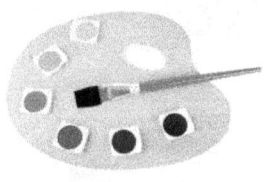

12

Mike si chce vydělat nějaké peníze (část 2)
Mike wants to earn some money (part 2)

Slovní zásoba
Words

1. být líto - to be sorry; Je mi to líto. - I am sorry.
2. důvod - reason
3. jejich - their
4. jezdit, řídit - to drive; řidič - driver
5. kráčet, jít, procházet se - to walk
6. maminka, matka, máma - mom, mother
7. namísto, místo - instead of
8. nenávidět, nesnášet - to hate
9. pan - mister, Mr.
10. pondělí - Monday
11. potkat, poznat - to meet
12. přinést - to bring
13. rád - glad
14. špatně - bad
15. správný, správně - correct, correctly
16. nesprávně – incorrectly; opravit - to correct
17. syn - son
18. tady - here (a place); sem - here (a direction); tady je - here is
19. tvůj - your
20. učitel - teacher
21. vstávat - to get up; Vstávej! - Get up!
22. zde (o místě) - here (a place), sem (směř) - here (a direction)
23. zde je - here is
24. zpět, zpátky - back

B

Mike si chce vydělat nějaké peníze (část 2)

V nakládacích dveřích číslo tři je spousta náklaďáků. Vrací se zpět přivážejíc zpátky jejich náklad. Přichází sem vedoucí personálního oddělení a vedoucí podniku. Přichází k Mikeovi. Mike nakládá krabice do náklaďáku. Pracuje rychle.
"Hej, Miku! Prosím, pojďte sem," volá ho Isolde, "Toto je ředitel firmy, pan Klein."
"Jsem rád, že vás poznávám," říká Mike jdouc k nim.
"Já taky," odpovídá pan Klein, "Kde je váš ložný list?"
"Tady je," Mike mu dává ložný list.
"Dobrá-dobrá," říká pan Klein a dívá se na seznam, "Podívejte se na ty náklaďáky. Vrací se, aby přivezli zpět náklad, protože nakládáte krabice nesprávně. Krabice s knihami jdou do obchodu s nábytkem místo do obchodu s knihami, krabice s videokazetami a DVD jdou do kavárny namísto do videopůjčovny, a kartony s chlebíčky jdou do videopůjčovny namísto do kavárny! To je špatná práce! Je mi to líto, ale nemůžete pracovat v naší firmě," říká pan Klein a kráčí zpátky do kanceláře.
Mike nemůže krabice naložit správně, protože umí přečíst a porozumět jen několika německým slovům. Isolde se na něj podívá. Mike se stydí.
"Miku, můžete se naučit německy líp a pak přijďte zas. Dobře?" - říká Isolde.
"Dobře," odpovídá Mike, "Nashledanou, Isolde."
"Nashledanou, Miku," odpoví Isolde.
Mike jde domů. Chce se naučit německy lépe a pak si najít novou práci.

Je čas jít do školy

V pondělí ráno přijde do místnosti matka, aby probudila svého syna.
"Vstávej, je sedm hodin. Je čas jít do školy!"
"Ale proč, mami? Nechci jít."
"Řekni mi dva důvody, proč nechceš jít," říká matka synovi.
"Studenti mě nenávidí a učitelé mě nenávidí taky!"

Mike wants to earn some money (part 2)

There are many trucks at the loading door number three. They are coming back bringing back their loads. The head of the personnel department and the head of the firm come there. They come to Mike. Mike is loading boxes in a truck. He is working quickly.
"Hey, Mike! Please, come here," Isolde calls him, "This is the head of the firm, Mr. Klein."
"I am glad to meet you," Mike says coming to them.
"I too," Mr. Klein answers. "Where is your loading list?"
"It is here," Mike gives him the loading list.
"Well-well," Mr. Klein says looking in the list, "Look at these trucks. They are coming back bringing back their loads because you load the boxes incorrectly. The boxes with books go to a furniture shop instead of the book shop, the boxes with videocassettes and DVDs go to a café instead of the video shop, and the boxes with sandwiches go to a video shop instead of the café! It is bad work! Sorry but you cannot work at our firm," Mr. Klein says and walks back to the office.
Mike cannot load boxes correctly because he can read and understand very few German words. Isolde looks at him. Mike is ashamed.
"Mike, you can learn German better and then come again. OK?" Isolde says.
"OK," Mike answers, "Bye Isolde."
"Bye Mike." Isolde answers.
Mike walks home. He wants to learn German better now and then take a new job.

It is time to go to college

Monday morning a mother comes into the room to wake up her son.
"Get up, it is seven o'clock. It is time to go to college!"
"But why, Mom? I don't want to go."
"Name me two reasons why you don't want to go," the mother says to the son.
"The students hate me for one and the teachers hate me too!"

"Ach, to nejsou důvody proč nejít na vysokou. Vstaň!"
"Tak dobrá. Řekni mi dva důvody, proč musím jít do školy," říká své matce.
"Dobře, za prvé, je ti 55 let. A za druhé, jsi ředitel vysoké školy! Vstávej, a hned!"

"Oh, they are not reasons not to go to college. Get up!"
"OK. Name me two reasons why I must go to college," he says to his mother.
"Well, for one, you are 55 years old. And for two, you are the head of the college! Get up now!"

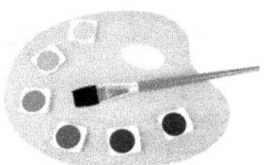

First Czech Reader
Pre-intermediate

13

Název hotelu
The name of the hotel

A

Slovní zásoba
Words

1. cesta - way
2. chodidlo – foot; pěšky - on foot
3. dole - down
4. hloupý - silly
5. jezero - lake
6. jiný - another
7. již - already
8. jít – walk
9. kolem - past
10. kráčet - to walk
11. kulatý - round
12. most - bridge
13. najít, naleznout - to find
14. naštvaný - angry
15. noc - night
16. opět - again
17. otevřít - to open
18. pak, poté - then
19. Polsko - Poland
20. překvapení - surprise
21. překvapit - to surprise
22. překvapený - surprised
23. přes - over, across
24. pryč - away
25. reklama - advert
26. skrz - through
27. spát - to sleep
28. stát - to stand
29. taxík - taxi
30. taxikář - taxi driver
31. teď, právě - now
32. ukázat - to show
33. unavený - tired
34. úsměv - smile
35. usmívat (se), usmát (se) - to smile
36. večer - evening
37. vidět - to see
38. výtah - lift
39. zastavit - to stop

B

Název hotelu

Toto je student. Jmenuje se Kasper. Kasper je z Polska. Neumí mluvit německy. Chce se naučit německy na vysoké škole v Německu. Kasper teď bydlí v hotelu v Bremerhavenu.
Je teď ve svém pokoji. Dívá se na mapu. Ta mapa je velmi dobrá. Kasper vidí ulice, náměstí a obchody na mapě. Jde ven z pokoje a přes dlouhou chodbu k výtahu. Výtah ho doveze dolů. Kasper jde přes velkou halu a ven z hotelu. Zastaví se poblíž hotelu a zapíše si název hotelu do svého zápisníku.
Kolem hotelu je kulaté náměstí a jezero. Kasper jde přes náměstí k jezeru. Kráčí kolem jezera na most. Přes most jede mnoho osobních i nákladní automobilů a lidí. Kasper jde pod most. Pak kráčí přes ulici do centra města. Prochází kolem mnoha pěkných budov.
Je již večer. Kasper je unavený a chce se vrátit do hotelu. Zastaví si taxík, pak otevře svůj zápisník a ukáže název hotelu řidiči taxíku. Taxikář se podívá do zápisníku, usměje se a odjíždí. Kasper to nechápe. Stojí a dívá se do svého zápisníku. Pak zastaví další taxík a ukáže název hotelu řidiči taxíku znovu. Řidič se podívá do zápisníku. Potom se podívá na Kaspera, usměje se a také odjíždí. Kasper je překvapen. Zastaví další taxík. Ale tenhle taxikář odjíždí pryč také. Kasper to nemůže pochopit. Je překvapený a naštvaný. Ale není hloupý. Pak otevře mapu a najde cestu k hotelu. Vrátí se zpátky do hotelu pěšky.
Je noc. Kasper je ve své posteli. Spí. Hvězdy se dívají do pokoje skrz okno. Zápisník je na stole. Je otevřen. "Ford je nejlepší auto". Toto není název hotelu. Toto je reklama na budově hotelu.

The name of the hotel

This is a student. His name is Kasper. Kasper is from Poland. He cannot speak German. He wants to learn German at a college in Germany. Kasper lives in a hotel in Bremerhaven now.
He is in his room now. He is looking at the map. This map is very good. Kasper sees streets, squares and shops on the map. He goes out of the room and through the long corridor to the lift. The lift takes him down. Kasper goes through the big hall and out of the hotel. He stops near the hotel and writes the name of the hotel into his notebook.
There is a round square and a lake at the hotel. Kasper goes across the square to the lake. He walks round the lake to the bridge. Many cars, trucks and people go over the bridge. Kasper goes under the bridge. Then he walks along a street to the city centre. He goes past many nice buildings.
It is evening already. Kasper is tired and he wants to go back to the hotel. He stops a taxi, then opens his notebook and shows the name of the hotel to the taxi driver. The taxi driver looks in the notebook, smiles and drives away. Kasper cannot understand it. He stands and looks in his notebook. Then he stops another taxi and shows the name of the hotel to the taxi driver again. The driver looks in the notebook. Then he looks at Kasper, smiles and drives away too.
Kasper is surprised. He stops another taxi. But this taxi drives away too. Kasper cannot understand it. He is surprised and angry. But he is not silly. He opens his map and finds the way to the hotel. He comes back to the hotel on foot.
It is night. Kasper is in his bed. He is sleeping. The stars are looking into the room through the window. The notebook is on the table. It is open. "Ford is the best car". This is not the name of the hotel. This is an advert on the building of the hotel.

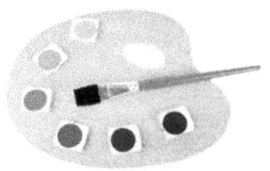

14

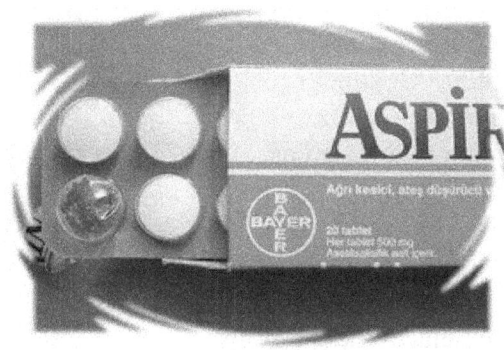

Aspirin
Aspirin

Slovní zásoba
Words

1. aspirin - aspirin
2. bílý - white
3. často - often
4. chemický - chemical(adj)
5. chemikálie - chemicals
6. chemie - chemistry
7. chytrý - smart
8. deset - ten
9. dostat (něco) - to get (something); přijít, přijet - to get (somewhere)
10. hodinky - watch
11. kluk - guy
12. konečně - at last
13. krystal - crystal
14. lavice - desk
15. lékárna - pharmacy
16. list (papíru) - sheet (of paper)
17. myslet, rozmýšlet, zamyslet se - to think
18. něco - something
19. nějaký/nějaké - some
20. páchnoucí - stinking
21. papír - paper
22. pilulka - pill
23. po - past; v půl deváté - at half past eight
24. posadit se - to sit down
25. přestávka - break, pause
26. přirozeně - of course
27. pro - for
28. půl - half
29. řešení - solution, answer
30. samozřejmě - of course
31. šedý - grey
32. (studentská) kolej - dorms
33. učebna - classroom
34. úkol - task
35. úžasný - wonderful
36. v jednu (hodinu) - at one o'clock
37. že - that (conj)
38. zkoušet, pokoušet se, snažit se - to try
39. zkouška - test
40. zkoušet - to test
41. udělat zkoušku - to pass a test

B

Aspirin

Je to přítel Mikea. Jmenuje se Alexander. Alexander je ze Švýcarska. Francouzština je jeho rodným jazykem. Umí také velmi dobře mluvit německy. Alexander bydlí na koleji. Alexander je teď ve svém pokoji. Alexander má dnes test z chemie. Dívá se na hodinky. Je osm hodin. Je čas jít.
Alexander jde ven. Jde do školy. Škola je poblíž koleje. Cesta do školy mu trvá asi deset minut. Alexander přichází do chemické učebny. Otevře dveře a dívá se do třídy. Jsou zde nějací studenti a učitel. Alexander přichází do třídy.
"Dobrý den," říká.
"Dobrý den," odpovídá učitel a studenti.
Alexander přichází ke svému stolu a sedne si. Test z chemie začíná v půl deváté. Učitel přijde k Alexandrově stolu.
"Tady je váš úkol," učitel říká. Pak dává Alexanderovi list papíru s úkolem, "Musíte vyrobit aspirin. Můžete pracovat od půl deváté až do dvanácti hodin. Začněte, prosím," říká učitel.
Alexander tento úkol zná. Vezme nějaké chemikálie a začíná. Pracuje deset minut. Nakonec vyrobí něco šedého a páchnoucího. Tohle není dobrý aspirin. Alexander ví, že musí mít velké bílé krystaly aspirinu. Pak to zkusí znovu a znovu. Alexander pracuje hodinu ale opět vyrobí něco šedého a páchnoucího.
Alexander je naštvaný a unavený. Nemůže to pochopit. Zastaví se a trochu se zamyslí.
Alexander je chytrý kluk. Chvilku rozmýšlí a pak najde odpověď! Postaví se.
"Mohu mít na deset minut přestávku?" zeptá se Alexander učitele.
"Samozřejmě, můžete," odpoví učitel.
Alexander jde ven. Blízko školy najde lékárnu. Jde dovnitř a kupuje nějaké pilulky aspirinu. Za deset minut se vrátí zpět do učebny. Studenti sedí a pracují. Alexander se posadí.
"Mohu ukončit test?" říká Alexander učiteli za pět minut.

Aspirin

This is Mike's friend. His name is Alexander. Alexander is from Switzerland. French is his native language. He can speak German very well too. Alexander lives in the dorms. Alexander is in his room now. Alexander has a chemistry test today. He looks at his watch. It is eight o'clock. It is time to go.
Alexander goes outside. He goes to the college. The college is near the dorms. It takes him about ten minutes to go to the college. Alexander comes to the chemical classroom. He opens the door and looks into the classroom. There are some students and the teacher there. Alexander comes into the classroom.
"Hello," he says.
"Hello," the teacher and the students answer.
Alexander comes to his desk and sits down. The chemistry test begins at half past eight. The teacher comes to Alexander's desk.
"Here is your task," the teacher says. Then he gives Alexander a sheet of paper with the task, "You must make aspirin. You can work from half past eight to twelve o'clock. Begin, please," the teacher says.
Alexander knows this task. He takes some chemicals and begins. He works for ten minutes. At last he gets something grey and stinking. This is not good aspirin. Alexander knows that he must get big white crystals of aspirin. Then he tries again and again. Alexander works for an hour but he gets something grey and stinking again.
Alexander is angry and tired. He cannot understand it. He stops and thinks a little.
Alexander is a smart guy. He thinks for a minute and then finds the answer! He stands up.
"May I have a break for ten minutes?" Alexander asks the teacher.
"Of course, you may," the teacher answers.
Alexander goes outside. He finds a pharmacy near the college. He comes in and buys some pills of aspirin. In ten minutes he comes back to the classroom. The students sit and work. Alexander sits down.
"May I finish the test?" Alexander says to the teacher in five minutes.

Učitel přijde k Alexandrovu stolu. Vidí velké bílé krystaly aspirinu. Učitel se zastaví v překvapení. Chvilku stojí a dívá se na aspirin.
"To je úžasné! Váš aspirin je tak pěkný! Ale já tomu vůbec nerozumím! Často se snažím vyrobit aspirin a vzniká mi jen něco šedého a páchnoucího," říká učitel. "Zkoušku jste udělal," říká.
Alexander po zkoušce odchází. Učitel vidí na Alexandrově stole něco bílého. Přijde ke stolu a najde papír od pilulek aspirinu.
"Chytrý kluk. OK, Alexandře. Teď máte problém," říká učitel.

The teacher comes to Alexander's desk. He sees big white crystals of aspirin. The teacher stops in surprise. He stands and looks at aspirin for a minute.
"It is wonderful! Your aspirin is so nice! But I cannot understand it! I often try to get aspirin and I get only something grey and stinking," the teacher says, "You passed the test," he says. Alexander goes away after the test. The teacher sees something white at Alexander's desk. He comes to the desk and finds the paper from the aspirin pills.
"Smart guy. Ok, Alexander. Now you have a problem," the teacher says.

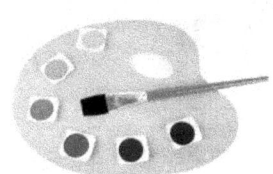

15

Anke a klokan
Anke and the kangaroo

A

Slovní zásoba
Words

1. Ach! - Oh!
2. co – what; Co to je? - What is this? Který stůl? - What table?
3. dobře - okay, well
4. Hej! - Hey!
5. hračka - toy
6. jeho - its (for neuter)
7. kdy - when
8. klokan - kangaroo
9. knihovna - bookcase
10. křičet, plakat, řvát - to cry
11. lev - lion
12. mě, mně - me
13. mokrý - wet
14. nás - us
15. nech nás - let us
16. obtěžovat - to bother
17. ocas - tail
18. opice - monkey
19. padat - to fall
20. pád - fall
21. panenka - doll
22. plán - plan
23. plánovat - to plan
24. plný - full
25. pomalu - quietly
26. rok - year
27. silný, silně - strong, strongly
28. široký, široce - wide, widely
29. spolu - together
30. šťastný - happy
31. studovat - to study
32. tahat, (za)táhnout - to pull
33. tygr - tiger
34. ubohý, chudák - poor
35. ucho - ear

36. udeřit, bít - to hit, to beat
37. vědro - pail
38. vlasy - hair
39. voda - water
40. zebra - zebra
41. zmrzlina - ice-cream
42. zoo - zoo

Anke a klokan

Anke and the kangaroo

Mike je student. Studuje na vysoké škole. Studuje německý jazyk. Mike bydlí na koleji. Bydlí hned vedle Alexandra.
Mike je teď ve svém pokoji. Vezme telefon a volá svému příteli Stefanovi.
"Ahoj," Stefan zvedne telefon.
"Ahoj, Stefane. Tady Mike. Jak se máš?" - říká Mike.
"Ahoj, Mikeu. Jde to. Díky. A jak se máš ty?" - odpoví Stefan.
"Taky to jde. Díky. Půjdu se projít. Jaké máš plány na dnes?" - říká Mike.
"Moje sestra Anke mě prosí, abych ji vzal do zoo. Vezmu jí tam teď. Pojďme spolu," říká Stefan.
"Dobře. Půjdu s tebou. Kde se setkáme?" - ptá se Mike.
"Dejme si sraz na autobusové zastávce Havenwelten. A zeptej se Alexandra, zda chce jít s námi taky," říká Stefan.
"Dobře. Ahoj," odpoví Mike.
"Uvidíme se. Ahoj," říká Stefan.
Poté jde Mike do Alexandrova pokoje. Alexander je ve svém pokoji.
"Ahoj," říká Mike.
"Ach, ahoj Miku. Pojď dál, prosím," říká Alexander. Mike jde dál.
"Jdeme se Stefanem a jeho sestrou do zoo. Půjdeš taky?" - ptá se Mike.
"Samozřejmě, půjdu taky!" - říká Alexander.
Mike a Alexander se vezou na autobusovou zastávku Havenwelten. Zde vidí Stefana a jeho sestru Anke. Sestře Stefana je pouze pět let. Je to malá holčička a je plná energie. Má moc ráda zvířata. Ale Anke si myslí, že zvířata jsou hračky. Zvířata od ní utíkají, protože je moc obtěžuje. Tahá je za ocas nebo ucho, bije rukou nebo hračkou. Anke má doma psa a

Mike is a student now. He studies at a college. He studies German. Mike lives at the dorms. He lives next door to Alexander's.
Mike is in his room now. He takes the telephone and calls his friend Stefan.
"Hello," Stefan answers the call.
"Hello Stefan. It is Mike here. How are you?" Mike says.
"Hello Mike. I am fine. Thanks. And how are you?" Stefan answers.
"I am fine too. Thanks. I will go for a walk. What are your plans for today?" Mike says.
"My sister Anke asks me to take her to the zoo. I will take her there now. Let us go together." Stefan says.
"Okay. I will go with you. Where will we meet?" Mike asks.
"Let us meet at the bus stop Havenwelten. And ask Alexander to come with us too," Stefan says.
"Okay. Bye," Mike answers.
"See you. Bye," Stefan says.
Then Mike goes to Alexander's room. Alexander is in his room.
"Hello," Mike says.
"Oh, hello Mike. Come in, please," Alexander says. Mike comes in.
"Stefan, his sister and I will go to the zoo. Will you go together with us?" Mike asks.
"Of course, I will go too!" Alexander says.
Mike and Alexander drive to the bus stop Havenwelten. They see Stefan and his sister Anke there.
Stefan's sister is only five years old. She is a little girl and she is full of energy. She likes animals very much. But Anke thinks that animals are toys. The animals run away from her because she bothers them very much. She can pull tail or ear, hit with a hand or with a toy. Anke has a dog and a cat at home. When Anke is

kočku. Když je Anke doma, pes je pod postelí a kočka sedí na knihovně. Aby se k nim nemohla dostat.

Anke, Stefan, Mike a Alexander přichází do zoo.
V zoo je mnoho zvířat. Anke je velmi šťastná. Běží ke lvovi a tygrovi. Udeří zebru panenkou. Zatáhne opici za ocas tak silně, že všechny opice s křikem utíkají pryč. Pak Anke uvidí klokana. Klokan pije z vědra vodu. Anke se usměje a velmi tiše přijde ke klokanovi. A pak...
"Hej!! Kloka-aa-aan!" - křičí Anke a táhne jej za ocas. Klokan se dívá na Anke s doširoka otevřenýma očima. Vyskočí v překvapení tak, že vědro s vodou letí nahoru a padá na Anke. Voda jí teče po vlasech, obličeji a šatech. Anke je celá mokrá.
"Jsi zlý klokan! Zlý!" - pláče.
Někteří lidé se usmívají a někteří říkají: "Ubohé děvče." Stefan bere Anke domů.
"Nesmíš zvířata obtěžovat," říká Stefan a podává jí zmrzlinu. Anke jí zmrzlinu.
"Dobře. Nebudu si hrát s velmi velkými a rozzlobenými zvířaty," přemýšlí Anke, "Budu si hrát pouze s malými zvířaty." Je zase šťastná.

at home the dog is under a bed and the cat sits on the bookcase. So she cannot get them.
Anke, Stefan, Mike and Alexander come into the zoo.
There are many animals in the zoo. Anke is very happy. She runs to the lion and to the tiger. She hits the zebra with her doll. She pulls the tail of a monkey so strong that all the monkeys run away crying. Then Anke sees a kangaroo. The kangaroo drinks water from a pail. Anke smiles and comes to the kangaroo very quietly. And then...
"Hey!! Kangaroo-oo-oo!!" Anke cries and pulls its tail. The kangaroo looks at Anke with wide open eyes. It jumps in surprise so that the pail with water flies up and falls on Anke. Water runs down her hair, her face and her dress. Anke is all wet.
"You are a bad kangaroo! Bad!" she cries.
Some people smile and some people say: "Poor girl." Stefan takes Anke home.
"You must not bother the animals," Stefan says and gives an ice-cream to her. Anke eats the ice-cream.
"Okay. I will not play with very big and angry animals," Anke thinks, "I will play with little animals only." She is happy again.

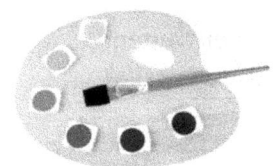

16

Parašutisté
Parachutists

A

Slovní zásoba
Words

1. bunda - jacket
2. být - to be
3. část - part
4. červený - red
5. chytnout - to catch
6. člen - member
7. devět - nine
8. guma - rubber
9. jenom - just
10. jiný - other
11. kalhoty - trousers
12. klub - club
13. kov - metal
14. letecká přehlídka - airshow
15. letoun, letadlo - airplane
16. mimochodem - by the way
17. myslet, věřit - to believe
18. nevěřit vlastním očím - to not believe one's eyes
19. obecenstvo, diváci - audience
20. oblečení - clothes
21. opravdu - real
22. padající - falling
23. padák - parachute
24. parašutista - parachutist
25. pilot - pilot
26. po - after
27. přes - over
28. připravit (se) - to prepare
29. přistát - to land
30. sedadlo - seat, posadit se - to take a seat
31. (s)padnout, padat - fallen
32. střecha - roof
33. táta, tatínek - daddy
34. tiše, potichu - silent, silently
35. tlačit, (po)strčit - to push
36. trénovat - to train
37. trénovaný - trained
38. trik - trick
39. tým - team

40. udělat, dělat - to do
41. v, ve, vevnitř - inside
42. vlastní - own
43. výborně - great
44. vycpaný - stuffed; vycpaný parašutista - stuffed parachutist
45. vystoupit - to get off
46. vzduch - air
47. vzít si na sebe - to put on; mít na sobě (oblečené) - dressed
48. zachránit - to save
49. zavřít - to close
50. zda, pokud - if
51. život - life, záchranářský trik - life-saving trick
52. zlostně - angrily
53. žlutý - yellow

B

Parašutisté

Parachutists

Je ráno. Mike přichází do Alexandrova pokoje. Alexander sedí u stolu a něco píše. Alexandrova kočka Minka je na Alexandrově posteli. Tiše spí.
"Můžu dovnitř?" ptá se Mike.
"Ach, Miku. Pojď dál, prosím. Jak se máš?" - odpoví Alexander.
"Fajn. Díky. Jak se máš ty?" - říká Mike.
"Jsem v pohodě. Díky. Sedni si, prosím," odpoví Alexander.
Mike si sedne na židli.
"Víš, že jsem členem klubu parašutistů. Dnes máme leteckou přehlídku," říká Mike, "Budu zde mít pár seskoků."
"To je moc zajímavé," odpoví Alexander, "Možná se přijdu podívat na leteckou přehlídku."
"Jestli chceš, můžu tě tam vzít a můžeš letět letadlem," říká Mike.
"Opravdu? To bude skvělé!" - Alexander vykřikne, "V kolik hodin je ta letecká přehlídka?"
"Začíná v deset hodin ráno," odpoví Mike, "Stefan taky přijde. Mimochodem, potřebujeme pomoc pro postrčení vycpaného parašutisty z letadla. Pomůžeš nám?"
"Vycpaného parašutistu? Proč?" - říká Alexander v překvapení.
"Je to součást představení, víš," říká Mike, "Je to záchranářský trik. Vycpaný parašutista padá dolů. V tom okamžiku k němu přiletí skutečný parašutista, chytne ho a otevře svůj vlastní padák. "Muž je zachráněn!"
"Výborně!" odpoví Alexander, "Pomůžu vám.

It is morning. Mike comes to Alexander's room. Alexander is sitting at the table and writing something. Alexander's cat Minka is on Alexander's bed. It is sleeping quietly.
"May I come in?" Mike asks.
"Oh, Mike. Come in please. How are you?" Alexander answers.
"Fine. Thanks. How are you?" Mike says.
"I am fine. Thanks. Sit down, please," Alexander answers.
Mike sits on a chair.
"You know I am a member of a parachute club. We are having an airshow today," Mike says, "I am going to make some jumps there."
"It is very interesting," Alexander answers, "I may come to see the airshow."
"If you want I can take you there and you can fly in an airplane," Mike says.
"Really? That will be great!" Alexander cries, "What time is the airshow?"
"It begins at ten o'clock in the morning," Mike answers, "Stefan will come too. By the way we need help to push a stuffed parachutist out of the airplane. Will you help?"
"A stuffed parachutist? Why?" Alexander says in surprise.
"You see, it is a part of the show," Mike says, "This is a life-saving trick. The stuffed parachutist falls down. At this time a real parachutist flies to it, catches it and opens his own parachute. The "man" is saved!"
"Great!" Alexander answers, "I will help. Let's go!"
Alexander and Mike go outside. They come to

Pojďme!"
Alexander a Mike jdou ven. Přijdou na autobusovou zastávku Freigebiet a nasednou do autobusu. Na leteckou přehlídku to trvá jen deset minut. Když vystoupí z autobusu, uvidí Stefana.
"Ahoj Stefane," říká Mike, "Pojďme do letadla."
V letadle vidí tým parašutistů. Přijdou za vedoucím týmu. Vedoucí týmu má na sobě červené kalhoty a červenou bundu.
"Ahoj Martine," říká Mike, "Alexander a Stefan nám pomůžou se záchranářským trikem."
"V pořádku. Vycpaný parašutista je zde," říká Martin. Dává jim vycpaného parašutistu. Vycpaný parašutista má oblečené červené kalhoty a červenou bundu.
"Je oblečený jako ty," říká Stefan usmívajíc se na Martina.
"Není čas o tom mluvit," Martin říká, "Vezměte ho do tohoto letadla."
Alexander a Stefan berou vycpaného parašutistu do letadla. Sednou si vedle pilota. Všichni z týmu parašutistů kromě vedoucího jdou do letounu. Zavřou dveře. Za pět minut je letoun ve vzduchu. Když letí nad Bremerhavenem, Stefan vidí svůj dům.
"Podívejte se! Můj dům je tam!" - křičí Stefan.
Alexander se dívá oknem na ulice, náměstí a parky města. Je skvělé letět v letounu.
"Připravte se na skok!" - křičí pilot. Parašutisté se postaví. Otevřou dveře.
"Deset, devět, osm, sedm, šest, pět, čtyři, tři, dva, jedna. Teď!" křičí pilot.
Parašutisté začnou vyskakovat z letadla. Obecenstvo dole na zemi vidí červené, zelené, bílé, modré a žluté padáky. Vypadát to velmi pěkně. Martin, vedoucí týmu parašutistů, se dívá nahoru taky. Parašutisté letí dolů a někteří již přistávají.
"Dobře. Dobrá práce, kluci," říká Martin a jde si dát do nedaleké kavárny kávu.
Letecká prohlídka pokračuje.
"Připravte se na záchranářský trik!" křičí pilot.
Stefan a Alexander berou vycpaného parašutistu ke dveřím.
"Deset, devět, osm, sedm, šest, pět, čtyři, tři, dva, jedna. Teď!" - křičí pilot.
Alexander a Stefan tlačí vycpaného parašutistu skrz

the bus stop Freigebiet and take a bus. It takes only ten minutes to go to the airshow. When they get off the bus, they see Stefan.
"Hello Stefan," Mike says, "Let's go to the airplane."
They see a parachute team at the airplane. They come to the head of the team. The head of the team is dressed in red trousers and a red jacket.
"Hello Martin," Mike says, "Alexander and Stefan will help with the life-saving trick."
"Okay. The stuffed parachutist is here," Martin says. He gives them the stuffed parachutist. The stuffed parachutist is dressed in red trousers and a red jacket.
"It is dressed like you," Stefan says smiling to Martin.
"We have no time to talk about it," Martin says, "Take it into this airplane."
Alexander and Stefan take the stuffed parachutist into the airplane. They take seats at the pilot. All the parachute team but its head gets into the airplane. They close the door. In five minutes the airplane is in the air. When it flies over Bremerhaven Stefan sees his own house.
"Look! My house is there!" Stefan cries.
Alexander looks through the window at streets, squares, and parks of the city. It is wonderful to fly in an airplane.
"Prepare to jump!" the pilot cries. The parachutists stand up. They open the door.
"Ten, nine, eight, seven, six, five, four, three, two, one. Go!" the pilot cries.
The parachutists begin to jump out of the airplane. The audience down on the land sees red, green, white, blue, yellow parachutes. It looks very nice. Martin, the head of the parachute team is looking up too. The parachutists are flying down and some are landing already.
"Okay. Good work guys," Martin says and goes to the nearby café to drink some coffee.
The airshow goes on.
"Prepare for the life-saving trick!" the pilot cries.
Stefan and Alexander take the stuffed parachutist to the door.
"Ten, nine, eight, seven, six, five, four, three, two, one. Go!" the pilot cries.
Alexander and Stefan push the stuffed

dveře. Jde ven, ale pak se zastaví. Jeho gumová "ruka" se zachytí o nějakou kovovou část letadla.
"Teď, teď chlapci!" křičí pilot.
Chlapci silně tlačí vycpaného parašutistu, ale nemůžou jej dostat ven.
Obecenstvo dole na zemi vidí muže v červeném ve dveřích letadla. Další dva muži se ho snaží vytlačit ven. Lidé nemohou uvěřit svým očím. Děje se to asi minutu. Pak parašutista v červeném padá. Další parašutista vyskočí z letounu a snaží se jej chytit. Ale nedaří se mu to. Parašutista v červeném padá. Padá střechou dovnitř do kavárny. Obecenstvo se tiše kouká. Pak lidé uvidí muže v červeném utíkat ven z kavárny. Ten muž v červeném je Martin, vedoucí týmu parašutistů. Ale diváci si myslí, že je to padající parašutista. Kouká na ně a zlostně křičí, "Jestli nedokážete chytit člověka, pak to nezkoušejte!"
Publikum mlčí.
"Tati, ten muž je velmi silný," říká jedna malá holka svému tátovi.
"Je dobře trénovaný," odpoví tatínek.
Po letecké přehlídce jdou Alexander a Stefan za Mikem.
"Co říkáš na naši práci?" - ptá se Stefan.
"Ehm... ach, je velmi dobrá. Děkuji vám," odpoví Mike.
"Jestli budeš potřebovat pomoct, stačí říct," říká Alexander.

parachutist through the door. It goes out but then stops. Its rubber "hand" catches on some metal part of the airplane.
"Go-go boys!" the pilot cries.
The boys push the stuffed parachutist very strongly but cannot get it out.
The audience down on the land sees a man dressed in red in the airplane door. Two other men are trying to push him out. People cannot believe their eyes. It goes on about a minute. Then the parachutist in red falls down. Another parachutist jumps out of the airplane and tries to catch it. But he cannot do it. The parachutist in red falls down. It falls through the roof inside of the café. The audience looks silently. Then the people see a man dressed in red run outside of the café. This man in red is Martin, the head of the parachutist team. But the audience thinks that he is that falling parachutist. He looks up and cries angrily, "If you cannot catch a man then do not try it!"
The audience is silent.
"Daddy, this man is very strong," a little girl says to her dad.
"He is well trained," the dad answers.
After the airshow Alexander and Stefan go to Mike.
"How is our work?" Stefan asks.
"Ah... Oh, it is very good. Thank you," Mike answers.
"If you need some help just say," Alexander says.

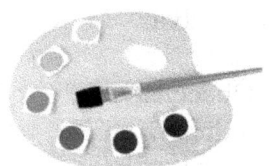

17

Vypni plyn!
Turn the gas off!

A

Slovní zásoba
Words

1. bledý - pale
2. budu, budeš, bude - will
3. bydliště, žijící - living
4. chvíle - moment
5. číča - pussycat
6. čtyřicet čtyři - forty-four
7. dvacet - twenty
8. hlas - voice
9. jedenáct - eleven
10. jízdenka - ticket
11. kdo - who
12. kilometr – kilometer
13. kočička - pussycat
14. konvice - kettle
15. lstivý, lstivě, šibalský - sly, slyly
16. mezitím - meanwhile
17. najednou - suddenly
18. naplnit - to fill up
19. neznámý - strange
20. oheň - fire
21. okamžitě - immediately
22. otočit - to turn; zapnout - to turn on; vypnout - to turn off
23. pečlivý, opatrný - careful
24. plyn - gas
25. pocit - feeling
26. říct, říkat - to tell, to say
27. rozkázat, přikázat, nařídit - to order
28. rozšířit - to spread
29. rychle - quick, quickly
30. sekretářka - secretary
31. sendvič - sandwich
32. školka - kindergarten
33. šibalsky - sly
34. sluchátko - phone handset
35. tak - so
36. teplý - warm; ohřát - to warm up
37. vlak - train
38. vodovodní kohoutek - tap
39. všechno - everything
40. zapomenout - forget
41. železniční stanice - railway station
42. (z)mrznout, ztuhnout - to freeze
43. zvonit - to ring, zvonění - ring

B

Vypni plyn!

Turn the gas off!

Je sedm hodin ráno. Stefan a María spí. Jejich matka je v kuchyni. Matka se jmenuje Linda. Lindě je čtyřicet čtyři let. Je to pečlivá žena. Linda uklízí kuchyni předtím než jde do práce. Je sekretářka. Pracuje dvacet kilometrů od Bremerhavenu. Linda obvykle jezdí do práce vlakem.
Jde ven. Nádraží je poblíž, takže Linda jde pěšky. Koupí si lístek a nastoupí do vlaku. Do práce jí to trvá asi dvacet minut. Linda sedí ve vlaku a dívá se z okna.
Najednou zmrzne. Konvice! Stojí na sporáku a ona zapomněla vypnout plyn! Stefan a Anke spí. Oheň se může rozšířit na nábytek a pak... Linda zbledne. Je však chytrá žena a v minutě ví, co má dělat. Požádá ženu a muže, kteří sedí vedle, aby zatelefonovali k ní domů a řekli Stefanovi o konvici.
Mezitím Stefan vstane, umyje se a jde do kuchyně. Bere konvici ze stolu, nalije do ní vodu, a umístí jí na sporák. Pak vezme chléb, máslo a dělá sendviče. Anke přichází do kuchyně.
"Kde je moje číča?" - ptá se.
"Nevím," odpoví Stefan, "Jdi na záchod a umyj si obličej. Napijeme se čaje a sníme sendviče. Pak tě vezmu do školky."
Anke se nechce umýt. "Nemohu pustit vodu," říká šibalsky.
"Pomohu ti," říká její bratr. V tom okamžiku se ozve telefon. Anke běží rychle k telefonu a bere sluchátko.
"Haló, tady je zoo. A kdo jste vy?" - říká. Stefan jí bere sluchátko a říká, "Dobrý den. Tady Stefan."
"Jsi Stefan Müller bydlící na Nelkenově ulici jedenáct?" - ptá se hlas neznámé ženy.
"Ano," odpoví Stefan.
"Jdi okamžitě do kuchyně a vypni plyn!" křičí ženský hlas.
"Kdo jste? Proč musím vypnout plyn?" - říká Stefan v překvapení.
"Okamžitě to udělej!" - rozkáže hlas.

It is seven o'clock in the morning. Stefan and María are sleeping. Their mother is in the kitchen. The mother's name is Linda. Linda is forty-four years old. She is a careful woman. Linda cleans the kitchen before she goes to work. She is a secretary. She works twenty kilometers away from Bremerhaven. Linda usually goes to work by train. She goes outside. The railway station is nearby, so Linda goes there on foot. She buys a ticket and gets on a train. It takes about twenty minutes to go to work. Linda sits in the train and looks out of the window.
Suddenly she freezes. The kettle! It is standing on the cooker and she forgot to turn the gas off! Stefan and Anke are sleeping. The fire can spread on the furniture and then... Linda turns pale. But she is a smart woman and in a minute she knows what to do. She asks a woman and a man, who sit nearby, to telephone her home and tell Stefan about the kettle.
Meanwhile Stefan gets up, washes and goes to the kitchen. He takes the kettle off the table, fills it up with water and puts it on the cooker. Then he takes bread and butter and makes sandwiches. Anke comes into the kitchen.
"Where is my little pussycat?" she asks.
"I do not know," Stefan answers, "Go to the bathroom and wash your face. We will drink some tea and eat some sandwiches now. Then I will take you to the kindergarten."
Anke does not want to wash. "I cannot turn on the water tap," she says slyly.
"I will help you," her brother says. At this moment the telephone rings. Anke runs quickly to the telephone and takes the handset.
"Hello, this is the zoo. And who are you?" she says. Stefan takes the handset from her and says, "Hello. This is Stefan."
"Are you Stefan Müller living at Nelkenstraße eleven?" the voice of a strange woman asks.
"Yes," Stefan answers.
"Go to the kitchen immediately and turn the gas off!" the woman's voice cries.
"Who are you? Why must I turn the gas off?" Stefan says in surprise.

Stefan vypne plyn. Anke a Stefan se překvapeně podívají na konvici.
"Nerozumím," říká Stefan, "Jak to, že ta žena ví, že budeme pít čaj?"
"Mám hlad," říká jeho sestra, "Kdy budeme jíst?"
"Taky mám hlad," říká Stefan a zapne plyn znovu.
V té chvíli telefon opět zazvoní.
"Dobrý den," říká Stefan.
"Jsi Stefan Müller, jež bydlí na Nelkenově ulici jedenáct?" - ptá se hlas neznámého muže.
"Ano," odpoví Stefan.
"Okamžitě vypni plyn na sporáku! Buď opatrný!" - rozkáže hlas.
"Dobře," říká Stefan a vypne plyn znovu.
"Pojďme do školky," říká Stefan Anke a má pocit, že dnes pití čaje nebude.
"Ne. Chci čaj a chleba s máslem," Anke zlostně říká.
"Dobře, zkusme si ohřát konvici znovu," říká její bratr a zapíná plyn.
Zazvoní telefon a tentokrát jim jejich matka rozkazuje, aby vypli plyn. Pak všechno vysvětlí.
Anke a Stefan konečně pijí čaj a jdou do školky.

"Do it now!" the voice orders.
Stefan turns the gas off. Anke and Stefan look at the kettle in surprise.
"I do not understand," Stefan says, "How can this woman know that we will drink tea?"
"I am hungry," his sister says, "When will we eat?"
"I am hungry too," Stefan says and turns the gas on again. At this minute the telephone rings again.
"Hello," Stefan says.
"Are you Stefan Müller who lives at Nelkenstraße eleven?" the voice of a strange man asks.
"Yes," Stefan answers.
"Turn off the cooker gas immediately! Be careful!" the voice orders.
"Okay," Stefan says and turns the gas off again.
"Let's go to the kindergarten," Stefan says to Anke feeling that they will not drink tea today.
"No. I want some tea and bread with butter," Anke says angrily.
"Well, let's try to warm up the kettle again," her brother says and turns the gas on.
The telephone rings and this time their mother orders to turn the gas off. Then she explains everything. At last Anke and Stefan drink tea and go to the kindergarten.

18

Pracovní agentura
A job agency

 A

Slovní zásoba
Words

1. bežící, běh - running
2. byl/byla/bylo - was
3. celoroční - all-round
4. číslo - number
5. dělat si starosti - to worry; Nedělej si starosti! - Do not worry!
6. doporučovat - to recommend
7. duševní práce - mental work
8. elektrický - electric
9. fyzická/manuální práce - manual work
10. jednotlivě - individually
11. jistě - sure
12. kabel - cable
13. když, jelikož - as
14. konzultant - consultant
15. konzultovat - to consult
16. matrace - mattress
17. město - town
18. nechat, dovolit - to let
19. opatrně, pozorně - carefully
20. pozorně poslouchat - to listen carefully
21. patnáct - fifteen
22. podlaha - floor
23. polovina - half
24. pomocník – helper
25. poradce – consultant; poradit, konzultovat - consult
26. pozice - position
27. příběh - story
28. proud - current
29. ruka - arm
30. šedesát - sixty
31. šedivý - grey-headed
32. silný - strong, strongly
33. smrtelný - deadly
34. souhlasit - to agree
35. taky, též - also
36. ten samý/ta samá/to samé - the same; v ten samý okamžik - at the same time
37. třást (se) - zittern - to shake
38. vážně - seriously
39. vydavatelství - publishing
40. za/na hodinu - per hour
41. zkušenost - experience
42. zmatený - confused
43. znát se navzájem - to know each other

B

Pracovní agentura

Jednoho dne jde Alexander do Mikeova pokoje a vidí, že jeho přítel leží se na posteli a třese se. Alexander vidí nějaké elektrické kabely, které jdou od Mikea k elektrické konvici. Alexander si myslí, že Mike je pod smrtícím elektrickým proudem. Rychle jde do postele, vezme matraci a silně zatáhne. Mike padá na podlahu. Pak se postaví a dívá se překvapeně na Alexandra.
"Co to bylo?" ptá se Mike.
"Byl jsi na elektrickém proudu," říká Alexander.
"Ne, já poslouchal hudbu," Mike říká a ukazuje na jeho CD přehrávač.
"Ach, je mi to líto," říká Alexander. Je zmatený.
"To je v pořádku. Nedělej si starosti," odpoví Mike tiše a čistí si kalhoty.
"Jdeme se Stefanem do pracovní agentury. Chceš jít s námi?" - ptá se Alexander.
"Jistě. Pojedeme spolu," říká Mike.
Jdou ven a berou si autobus číslo sedm. Do pracovní agentury jim to trvá asi patnáct minut. Stefan je už tam. Vejdou do budovy. Před kanceláří pracovní agentury je dlouhá fronta. Stojí ve frontě. Za půl hodiny přijdou do kanceláře. Je tam stůl a několik regálů s knihami. U stolu sedí muž se šedivou hlavou. Je mu asi šedesát let.
"Pojďte dál, kluci!" - říká přátelsky, "Sedněte si, prosím."
Stefan, Mike a Alexander se posadí.
"Jmenuji se Georg Profit. Jsem pracovní poradce. Obvykle mluvím s návštěvníky jednotlivě. Ale když jste všichni studenti a navzájem se znáte, můžu s vámi konzultovat dohromady. Souhlasíte?"
"Ano, pane," říká Stefan, "Máme tři nebo čtyři hodiny volného času každý den. Potřebujeme si najít práci na ten čas, pane."
"Dobře. Mám nějakou práci pro studenty. A vy si sundejte ten přehrávač," říká pan Profit Mikeovi.
"Můžu poslouchat současně vás a hudbu," říká Mike.
"Jestli si vážně chcete sehnat práci, sundejte si ten přehrávač a pozorně poslouchejte co říkám," říká pan Profit, "A teď, kluci, řeknete mi jakou práci

A job agency

One day Alexander goes to Mike's room and sees that his friend is lying on the bed shaking. Alexander sees some electrical cables running from Mike to the electric kettle. Alexander believes that Mike is under a deadly electric current. He quickly goes to the bed, takes the mattress and pulls it strongly. Mike falls to the floor. Then he stands up and looks at Alexander in surprise.
"What was it?" Mike asks.
"You were on electrical current," Alexander says.
"No, I was listening to the music," Mike says and shows his CD player.
"Oh, I am sorry," Alexander says. He is confused.
"It's okay. Do not worry," Mike answers quietly cleaning his trousers.
"Stefan and I go to a job agency. Do you want to go with us?" Alexander asks.
"Sure. Let's go together," Mike says.
They go outside and take the bus number seven. It takes them about fifteen minutes to go to the job agency. Stefan is already there. They come into the building. There is a long queue to the office of the job agency. They stand in the queue. In half an hour they come into the office. There is a table and some bookcases in the room. A gray-headed man is sitting at the table. He is about sixty years old.
"Come in guys!" he says friendly, "Take seats, please."
Stefan, Mike and Alexander sit down.
"My name is Georg Profit. I am a job consultant. Usually I speak with visitors individually. But as you are all students and know each other I can consult you all together. Do you agree?"
"Yes, sir," Stefan says, "We have three or four hours of free time every day. We need to find jobs for that time, sir."
"Well, I have some jobs for students. And you take off your player," Mr. Profit says to Mike.
"I can listen to you and to music at the same time," Mike says.

potřebujete? Hledáte duševní, nebo tělesnou práci?"
"Zvládnu všechny práce," říká Alexander, "Jsem silný. Chcete se přetláčovat?" povídá a položí ruku na stůl pana Profita.
"Tohle není žádný sportovní klub, ale jestli chceš..." říká pan Profit. Položí si ruku na stůl a rychle stlačí Alexandrovu ruku dolů, "Jak vidíte, synu, musíte být nejen silný, ale také chytrý."
"Mohu také pracovat duševně, pane," říká Alexander znovu. Moc chce získat práci. "Můžu psát příběhy. Mám nějaké příběhy o svém rodném městě."
"To je velmi zajímavé," říká pan Profit. Bere list papíru, "Vydavatelství "All-round" potřebuje mladého pomocníka na spisovatelskou pozici. Platí devět euro za hodinu."
"Super!" - říká Alexander, "Mohu to zkusit?"
"Jistě. Tady je jejich telefonní číslo a jejich adresa," říká pan Profit a podává Alexandrovi list papíru.
"A vy, kluci, si můžete vybrat práci na farmě, v počítačovém podniku, v novinách nebo v supermarketu. Pokud nemáte žádnou zkušenost, doporučuji vám začít pracovat na farmě. Potřebují dva pracovníky," říká pan Profit Stefanovi a Mikeovi.
"Kolik platí?" - ptá se Stefan.
"Dovolte mi podívat se..." pan Profit se podívá do počítače, "Potřebují pracovníky pro tři nebo čtyři hodiny denně a platí sedm eur za hodinu. V soboty a neděle jsou volné. Souhlasíte?" - ptá se.
"Souhlasím," říká Stefan.
"Já taky souhlasím," říká Mike.
"Dobře. Vezměte si telefonní číslo a adresu farmy," říká pan Profit a podává jim list papíru.
"Děkujeme, pane," říkají kluci a jdou ven.

"If you seriously want to get a job take the player off and listen carefully to what I say;" Mr. Profit says, "Now guys say what kind of job do you need? Do you need mental or manual work?"
"I can do any work." Alexander says, "I am strong. Want to arm?" he says and puts his arm on Mr. Profit's table.
"It is not a sport club here but if you want..." Mr. Profit says. He puts his arm on the table and quickly pushes down Alexander's arm, "As you see son, you must be not only strong but also smart."
"I can work mentally too, sir," Alexander says again. He wants to get a job very much. "I can write stories. I have some stories about my native town."
"This is very interesting." Mr. Profit says. He takes a sheet of paper, "The publishing house "All-round" needs a young helper for a writing position. They pay nine euro per hour."
"Cool!" Alexander says, "Can I try?"
"Sure. Here are their telephone number and their address," Mr. Profit says and gives a sheet of paper to Alexander.
"And you guys can choose a job on a farm, in a computer firm, on a newspaper or in a supermarket. As you do not have any experience I recommend you to begin to work in a farm. They need two workers," Mr. Profit says to Stefan and Mike.
"How much do they pay?" Stefan asks.
"Let me see..." Mr. Profit looks into the computer, "They need workers for three or four hours a day and they pay seven euros per hour. Saturdays and Sundays are free. Do you agree?" he asks.
"I agree," Stefan says.
"I agree too," Mike says.
"Well. Take the telephone number and the address of the farm," Mr. Profit says and gives a sheet of paper to them.
"Thank you, sir," the boys say and go outside.

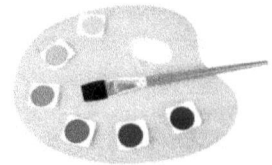

19

Stefan a Mike myjí náklaďák
Stefan and Mike wash the truck

Slovní zásoba
Words

1. blíž - closer
2. brzda - brake, brzdit - to brake
3. čekat - to wait
4. čistit, uklízet - to clean
5. čtvrtý - fourth
6. dál - further
7. daleko - far
8. desátý - tenth
9. devátý - ninth
10. docela, vcelku, celkem - quite
11. druhý - second
12. dvůr - yard
13. kolem, podél - along
14. kolo - wheel
15. kontrolovat - to check
16. krabice - box
17. loď - ship
18. majitel, vlastník - owner
19. metr - meter
20. mnoho, hodně - lot
21. moře - sea
22. motor - engine
23. mýt, umývat - to wash
24. nadnášet - to pitch
25. naložit - to load
26. nasednout, vkročit - to step
27. nejdřív - at first
28. nést se - pitch
29. osivo - seed
30. osmý - eighth
31. pátý - fifth
32. plout, plavat - to float
33. poblíž - close
34. pobřeží - seashore
35. pole - field
36. pomalu - slowly
37. používat - to use
38. přední - front

39. přední kola - front wheels
40. přijet - to arrive
41. řidičský průkaz - driving license
42. sedmý - seventh
43. šestý - sixth
44. síla - strength
45. silnice - road
46. šlápnout - step
47. stroj - machine
48. třetí - third
49. větší - bigger
50. vhodný - suitable
51. vlna - wave
52. vyložit - to unload
53. začít - to start
54. zaměstnavatel - employer

Stefan a Mike myjí nákladák

Stefan and Mike wash the truck

Stefan a Mike teď pracují na farmě. Pracují tři nebo čtyři hodiny denně. Práce je velmi těžká. Musejí udělat spoustu práce každý den. Každý druhý den čistí dvůr farmy. Každý třetí den myjí stroje na farmě. Každý čtvrtý den pracují na faremním poli.
Jejich zaměstnavatel se jmenuje Uwe Schmidt. Pan Schmidt je majitelem statku a dělá většinu práce. Pan Schmidt pracuje velmi tvrdě. Také dává hodně práce Stefanovi a Mikeovi.
"Hej, kluci, dokončete čištění strojů, vemte nákladák a jeďte do dopravního podniku Rapid," říká pan Schmidt, "Mají pro mě náklad. Naložte bedny s osivem do dodávky, dovezte je na farmu a vyložte je na dvůr farmy. Udělejte to rychle, protože dnes potřebuju osivo. A nezapomeňte umýt nákladák."
"Dobře," říká Stefan. Dokončí úklid a nasednou do auta. Stefan má řidičský průkaz, takže nákladák řídí on. Nastartuje motor a zprvu pomalu projede přes dvůr farmy, pak rychle po silnici. Dopravní podnik Rapid není daleko od farmy. Dorazí tam za patnáct minut. Hledají nakládací dveře číslo deset. Stefan řídí nákladák pečlivě po nakládacím dvoru. Jedou kolem prvních nakládacích dveří, kolem druhých nakládacích dveří, kolem třetích, kolem čtvrtých, kolem pátých, kolem šestých, kolem sedmých, kolem osmých, kolem devátých nakládacích dveří. Stefan namíří do desátých nakládacích dveří a zastaví.
"Nejdřív musíme zkontrolovat ložný list," říká Mike, jelikož už má zkušenosti s ložnými listy v

Stefan and Mike are working on a farm now. They work three or four hours every day. The work is quite hard. They must do a lot of work every day. They clean the farm yard every second day. They wash the farm machines every third day. Every fourth day they work in the farm fields.
Their employer's name is Uwe Schmidt. Mr. Schmidt is the owner of the farm and he does most of the work. Mr. Schmidt works very hard. He also gives a lot of work to Stefan and Mike.
"Hey boys, finish cleaning the machines, take the truck and go to the transport firm Rapid," Mr. Schmidt says, "They have a load for me. Load boxes with the seed in the truck, bring them to the farm, and unload in the farm yard. Do it quickly because I need to use the seed today. And do not forget to wash the truck".
"Okay," Stefan says. They finish cleaning and get into the truck. Stefan has a driving license so he drives the truck. He starts the engine and drives at first slowly through the farm yard, then quickly along the road. The transport firm Rapid is not far from the farm. They arrive there in fifteen minutes. They look for the loading door number ten there. Stefan drives the truck carefully through the loading yard. They go past the first loading door, past the second loading door, past the third, past the fourth, past the fifth, past the sixth, past the seventh, past the eighth, then past the ninth loading door. Stefan drives to the tenth loading door and stops.
"We must check the loading list first," Mike says who already has some experience with loading lists at this transport firm. He goes to the loader who works at the door and gives him the loading

tomto dopravním podniku. Jde za nakladačem, který pracuje u dveří a dává mu ložný list. Nakladač rychle naloží pět krabic do jejich auta. Mike kontroluje krabice pečlivě. Všechna čísla na krabicích mají čísla z ložného listu.
"Čísla jsou správné. Teď můžeme jet," říká Mike
"Dobře," říká Stefan a nastartuje motor, "Myslím, že můžeme umýt auto teď. Nedaleko odtud je jedno vhodné místo."
Za pět minut dorazí na pobřeží.
"Chceš umýt auto tady?" překvapeně se ptá Mike.
"Jo! Je zde hezky, ne?" říká Stefan.
"A kde vezmeme vědro?" ptá se Mike.
"Nepotřebujeme žádné vědro. Zajedu blízko k moři. Vodu si vezmeme z moře," říká Stefan a jede velmi blízko k vodě. Přední kola jedou do vody a vlny přejdou přes ně.
"Pojďme ven a začněme mýt," říká Mike.
"Počkej chvilku. Pojedu ještě trochu blíž," říká Stefan a jede autem dál o jeden nebo dva metry, "Teď je to lepší."
Vtom přijde větší vlna a voda náklaďák kousek nazvedne a nese jej pomalu dál do moře.
"Přestaň! Stefane, zastav!" křičí Mike, "Jsme už ve vodě! Prosím, zastav!"
"Nelze to zastavit!!" křičí Stefan a šlape na brzdu se vší silou, "Nemohu to zastavit!"
Náklaďák pomalu plave dál v moři, nadnášejíc se na vlnách jako malá loď.

(pokračování)

list. The loader loads quickly five boxes into their truck. Mike checks the boxes carefully. All numbers on the boxes have numbers from the loading list.
"Numbers are correct. We can go now," Mike says.
"Okay," Stefan says and starts the engine, "I think we can wash the truck now. There is a suitable place not far from here".
In five minutes they arrive to the seashore.
"Do you want to wash the truck here?" Mike asks in surprise.
"Yeah! It is a nice place, isn't it?" Stefan says.
"And where will we take a pail?" Mike asks.
"We do not need any pail. I will drive very close to the sea. We will take the water from the sea," Stefan says and drives very close to the water. The front wheels go in the water and the waves run over them.
"Let's get out and begin washing," Mike says.
"Wait a minute. I will drive a bit closer," Stefan says and drives one or two meters further, "It is better now."
Then a bigger wave comes and the water lifts the truck a little and carries it slowly further into the sea.
"Stop! Stefan, stop the truck!" Mike cries, "We are in the water already! Please, stop!"
"It will not stop!!" Stefan cries stepping on the brake with all his strength, "I cannot stop it!!"
The truck is slowly floating further in the sea pitching on the waves like a little ship.

(to be continued)

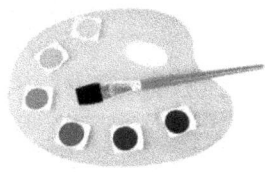

20

Stefan a Mike myjí nákladák (část 2)
Stefan and Mike wash the truck (part2)

A

Slovní zásoba
Words

1. byli - were
2. chtěl - wanted
3. drahý – dear
4. dvacet pět - twenty-five
5. fotografovat - to photograph; fotograf - photographer
6. konstantní, neustálý - constant
7. kontrola - control
8. krmit - to feed
9. levý - left
10. nehoda - accident
11. nikdy - never
12. novinář - journalist
13. očištěný - cleaned
14. olej - oil
15. oznámit, informovat - to inform
16. peníze - money
17. pětadvacet - twenty-five
18. plavat - to swim
19. plovoucí - floating
20. pobřeží - shore
21. pravý - right
22. před - ago; před rokem - a year ago
23. příklad - example; například - for example
24. proud - flow
25. pták - bird
26. pustit na svobodu - to set free
27. řeč, projev - speech
28. rehabilitace, ošetření - rehabilitation
29. rehabilitovat, ošetřovat - to rehabilitate
30. řídit, točit volantem - to steer
31. situace - situation
32. slavnost - ceremony
33. smát se - to laugh
34. spolknout - to swallow
35. stát se, přihodit se - to happen; stalo se - happened
36. tanker - tanker
37. úžasný - wonderful

38. užívat si, vychutnávat si - enjoy
39. velryba - whale, kosatka - killer whale
40. vítr - wind
41. vrah - killer
42. vyrazit - to fire
43. zachránit - to rescue; záchranná služba - rescue service
44. zítra - tomorrow

Stefan a Mike myjí nákladák (část 2)

Nákladák plave pomalu dál v moři nadnášejíc se na vlnách jako malá loď.
Stefan točí volantem doleva a doprava, šlape na brzdu a plyn. Ale nemůže nákladák kontrolovat. Silný vítr jej postrkuje podél mořského břehu.
Stefan a Mike neví co dělat. Jenom sedí a dívají se z oken. Mořská voda začíná pronikat dovnitř.
"Pojďme ven a posaďme se na střechu," říká Mike.
Posadí se na střechu.
"Zajímalo by mě, co na to řekne pan Schmidt," říká Mike.
Nákladák pomalu plave asi dvacet metrů od břehu. Někteří lidé se zastaví při břehu a dívají se na ně v překvapení.
"Pan Schmidt nás může vyrazit," odpoví Stefan.
Mezitím přichází do své kanceláře vedoucí univerzity pan Bauer. Sekretářka mu říká, že dnes budou mít slavnost. Pustí na svobodu dva mořské ptáky, jež jsou po ošetření. Pracovníci rehabilitačního střediska je očistili od oleje po nehodě s tankerem Gran Pollución. K nehodě došlo před měsícem. Pan Bauer musí pronést řeč. Obřad začíná za dvacet pět minut.
Pan Bauer a jeho sekretářka si berou taxi a za deset minut dorazí na místo slavnosti. Tito dva ptáci už tam jsou. Teď nejsou tak bílí jako obvykle. Ale znovu můžou plavat a létat. Je zde mnoho lidí, novinářů a fotografů. Za dvě minuty začíná slavnost. Pan Bauer začne svou řeč.
"Draží přátelé!" říká, "K incidentu s tankerem Gran Pollución došlo na tomhle místě před měsícem. Teď musíme ošetřit mnoho ptáků a zvířat. Stojí to hodně peněz. Například ošetření každého z těchto ptáků stojí 5000 dolarů! Jsem rád, že vám můžu oznámit, že teď, po měsíci rehabilitace budou tito dva úžasní ptáci propuštění

Stefan and Mike wash the truck (part 2)

The truck is floating slowly further in the sea pitching on the waves like a little ship.
Stefan is steering to the left and to the right stepping on the brake and gas. But he cannot control the truck. A strong wind is pushing it along the seashore. Stefan and Mike do not know what to do. They are just sitting, looking out of the windows. The sea water begins to run inside.
"Let's go out and sit on the roof," Mike says.
They sit on the roof.
"What will Mr. Schmidt say, I wonder?" Mike says.
The truck is floating slowly about twenty meters away from the shore. Some people on the shore stop and look at it in surprise.
"Mr. Schmidt may fire us." Stefan answers.
Meanwhile the head of the college Mr. Bauer comes to his office. The secretary says to him that there will be a ceremony today. They will set free two sea birds after rehabilitation. Workers of the rehabilitation centre cleaned oil off them after the accident with the tanker Gran Pollución. The accident happened one month ago. Mr. Bauer must make a speech there. The ceremony begins in twenty-five minutes.
Mr. Bauer and his secretary take a taxi and in ten minutes arrive to the place of the ceremony. These two birds are already there. Now they are not so white as usually. But they can swim and fly again now. There are many people, journalists, photographers there now. In two minutes the ceremony begins. Mr. Bauer begins his speech.
"Dear friends!" he says, "The accident with the tanker Gran Pollución happened at this place a month ago. We must rehabilitate many birds and animals now. It costs a lot of money. For example the rehabilitation of each of these birds costs 5,000 dollars! And I am glad to inform you now that after one month of rehabilitation these two

na svobodu."
Dva muži vezmou krabici s ptáky, přinesou ji k vodě a otevřou ji. Ptáci vyjdou z krabice a potom skočí do vody a plavou. Fotografové fotí. Novináři se ptají pracovníků rehabilitačního centra na zvířata.
Náhle se zde zjeví velká kosatka, rychle spolkne ty dva ptáky a zase se ponoří. Všichni lidé se dívají na místo, kde byli předtím ptáci. Vedoucí univerzity nemůže uvěřit vlastním očím. Kosatka se znovu vynoří a hledá další ptáky. Jelikož zde již žádní další ptáci nejsou, ponoří se znovu. Pan Bauer musí dokončit svůj proslov.
"Ach ..." hledá vhodná slova, "Úžasný, konstantní tok života nikdy nepřestane. Větší zvířata jedí menší zvířata a tak dále... ach... co to je?" říká při pohledu na vodu. Všichni lidé se tam dívají a vidí velké auto plovoucí podél břehu nadnášejíc se na vlnách jako loď. Na něm sedí dva kluci a koukají se na místo slavnosti.
"Dobrý den, pane Bauere," Mike říká, "Proč krmíte kosatky těmi ptáky?"
"Dobrý den, Miku," odpoví pan Bauer, "Co tam děláte, kluci?"
"Chtěli jsme umýt auto," odpoví Stefan.
"To vidím," říká pan Bauer. Někteří lidé se tou situací začnou bavit. Začnou se smát.
"Dobře, zavolám záchrannou službu. Dostanou vás ven z vody. A chci vás zítra vidět v mé kanceláři," říká vedoucí univerzity a přivolá záchrannou službu.

wonderful birds will be set free."
Two men take a box with the birds, bring it to the water and open it. The birds go out of the box and then jump in the water and swim. The photographers take pictures. The journalists ask workers of the rehabilitation centre about the animals.
Suddenly a big killer whale comes up, quickly swallows those two birds and goes down again. All the people look at the place where the birds were before. The head of the college does not believe his eyes. The killer whale comes up again looking for more birds. As there are no other birds there, it goes down again. Mr. Bauer must finish his speech now.
"Ah...," he chooses suitable words, "The wonderful constant flow of life never stops. Bigger animals eat smaller animals and so on... ah... what is that?" he says looking at the water. All the people look there and see a big truck floating along the shore pitching on the waves like a ship. Two guys sit on it looking at the place of the ceremony.
"Hello Mr. Bauer," Mike says, "Why are you feeding killer whales with birds?"
"Hello Mike," Mr. Bauer answers, "What are you doing there boys?"
"We wanted to wash the truck," Stefan answers.
"I see," Mr. Bauer says. Some of the people begin to enjoy this situation. They begin to laugh.
"Well, I will call the rescue service now. They will get you out of the water. And I want to see you in my office tomorrow," the head of the college says and calls the rescue service.

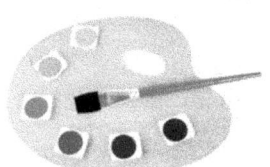

21

Vyučovací hodina
A lesson

A

Slovní zásoba
Words

1. bez – without; beze slova - without a word
2. děti - children
3. důležitý - important
4. džbán - jar
5. jež - which
6. jiné - else
7. kámen - stone
8. který - which
9. lehko, mírně - slightly
10. malý - small
11. medicínský - medical
12. méně, míň - less
13. mezi - between
14. (na)lít, (na)sypat - to pour
15. (na)místo - instead
16. opravdu - really
17. pečovat, starat se o - to care
18. písek - sand
19. pořád, ještě - still
20. pozornost – attention; věnovat pozornost, dávat pozor (na) - pay attention to
21. prázdný - empty
22. přítel - boyfriend
23. přítelkyně - girlfriend
24. rodič - parent
25. štěstí - happiness
26. televize - television
27. třída - class
28. utrácet, trávit - to spend
29. věc – thing; tyto věci - this stuff
30. vždy, pořád - always
31. zdraví - health
32. ztratit - to loose
33. zůstat - to remain

B

Vyučovací hodina

Vedoucí školy stojí před třídou. Na stole před ním jsou nějaké krabice a další věci. Když výuka začne, vezme velký prázdný džbán a beze slov ho naplňuje velkými kameny.
"Myslíte si, že ten džbán je již plný?" - ptá se pan Bauer studentů.
"Ano, je," souhlasí studenti.
Potom vezme krabici s velmi malými kameny a sype je do džbánu. Mírně džbánem zatřese. Kamínky, samozřejmě, vyplní prostor mezi velkými kameny.
"Co si myslíte teď? Džbán je již plný, že?" - pan Bauer se jich ptá znovu.
"Ano. Teď je plný," studenti se shodnou opět. Začínají si tuto vyučovací hodinu užívat. Začínají se smát.
Pak pan Bauer vezme krabici s pískem a sype jej do džbánu. Samozřejmě, že písek zaplní všechny ostatní mezery.
"A teď chci, abyste přemýšleli o tomto džbánu jako o lidském životě. Velké kameny jsou důležité věci - vaše rodina, přítelkyně nebo přítel, vaše zdraví, vaše děti, vaši rodiče - věci, které zůstanou, i když všechno ostatní ztratíte, váš život bude pořád plný. Kamínky jsou ostatní věci, které jsou méně důležité. Jsou to věci jako váš dům, vaše práce, vaše auto. Písek je to všechno ostatní - malé věci. Jestli nasypete písek do toho džbánu jako první, nezbyde žádný prostor pro malé nebo velké kameny. Totéž platí pro život. Pokud vynaložíte všechen váš čas a energii na malé věci, nikdy nebudete mít prostor pro věci, které jsou pro vás důležité. Věnujete vaši pozornost věcem, které jsou pro vaše štěstí nejdůležitější. Hrajte si se svými dětmi nebo rodiči. Najděte si čas na lékařské testy. Vezměte svého přítele nebo přítelkyni na kávu. Vždycky si najdete čas jít do práce, uklízet a dívat se na televizi," pan Bauer říká, "Postarejte se nejdřív o velké kameny - věci, které jsou opravdu důležité. Všechno ostatní je jen písek," kouká na studenty, "A teď, Mikeu a Stefane, co je pro vás důležitější - mytí auta nebo vaše životy? Plavete si na nákladním autě v moři

A lesson

The head of the college is standing before the class. There are some boxes and other things on the table before him. When the lesson begins he takes a big empty jar and without a word fills it up with big stones.
"Do you think the jar is already full?" Mr. Bauer asks students.
"Yes, it is," agree students.
Then he takes a box with very small stones and pours them into the jar. He shakes the jar slightly. The little stones, of course, fill up the room between the big stones.
"What do you think now? The jar is already full, isn't it?" Mr. Bauer asks them again.
"Yes, it is. It is full now," the students agree again. They begin to enjoy this lesson. They begin to laugh.
Then Mr. Bauer takes a box of sand and pours it into the jar. Of course, the sand fills up all the other room.
"Now I want that you to think about this jar like a man's life. The big stones are important things - your family, your girlfriend and boyfriend, your health, your children, your parents - things that if you loose everything and only they remain, your life still will be full. Little stones are other things which are less important. They are things like your house, your job, your car. Sand is everything else - small stuff. If you put sand in the jar at first, there will be no room for little or big stones. The same goes for life. If you spend all of your time and energy on the small stuff, you will never have room for things that are important to you. Pay attention to things that are most important to your happiness. Play with your children or parents. Take time to get medical tests. Take your girlfriend or boyfriend to a café. There will be always time to go to work, clean the house and watch television," Mr. Bauer says, "Take care of the big stones first - things that are really important. Everything else is just sand," he looks at the students, "Now Mike and Stefan, what is more important to you - washing a truck or your lives? You float on a truck in the sea like on a ship just because you

jako na lodi jen proto, že jste chtěli umýt auto. Myslíte, že není jiný způsob, jak jej umýt?"
"Ne, nemyslíme si to," říká Stefan.
"Auto můžete umýt v autoumyčce, ne?" říká pan Bauer.
"Ano, lze," řeknou studenti.
"Musíte vždy nejdřív myslet předtím, než něco uděláte. Vždy se musíte postarat o velké kameny, jasné?"
"Ano, musíme," odpoví studenti.

wanted to wash the truck. Do you think there is no other way to wash it?"
"No, we do not think so," Stefan says.
"You can wash a truck in a washing station instead, can't you?" says Mr. Bauer.
"Yes, we can," say the students.
"You must always think before you do something. You must always take care of the big stones, right?"
"Yes, we must," answer the students.

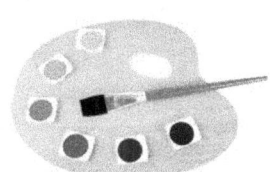

22

Alexander pracuje ve vydavatelství
Alexander works at a publishing house

A

Slovní zásoba
Words

1. ahoj - hi
2. atd. - etc.
3. bežet, utíkat - walking
4. budoucí - future
5. časopis, magazín - magazine
6. chladný - cold (adj)
7. chlad – coldness
8. chůze - walking
9. člověk, lidská bytost - human
10. déšť - rain
11. dostat - to get
12. hotový - ready
13. hrát (si) - playing
14. jelikož, protože - since, as
15. jiný, rozličný, různý - different
16. koordinace - co-ordination
17. kreativní - creative
18. mluvit s, povídat si - to talk
19. možný - possible
20. tak často, jak je to možné / co nejčastěji - as often as possible
21. nejmíň, nejméně - at least
22. nic - nothing
23. nikdo - nobody
24. nos - nose
25. noviny - newspaper
26. odmítnout - to refuse
27. pípnutí, signál - beep
28. povolání, profese - profession
29. práce, kompozice, text - composition
30. pravidlo - rule
31. především - especially
32. příběh - story
33. prodat - to sell
34. rozvinout, vyvinout - to develop
35. schody - stairs

36. schopnost - skill
37. smutný - sad
38. spánek - sleeping
39. společnost, podnik - company
40. svět - world
41. text - text
42. těžký - difficult
43. tma, tmavý - dark
44. třicet - thirty
45. venku - outdoors
46. volat, zavolat - to call
47. vypracovat, složit - to compose
48. vyrábět - to produce
49. zábavný - funny
50. zákazník - customer
51. zaznamenat - to record
52. záznamník - answering machine

B

Alexander pracuje ve vydavatelství

Alexander pracuje jako mladý pomocník ve vydavatelství All-round. Jeho prací je psaní. "Alexandře, naše firma se jmenuje All-round," říká mu vedoucí podniku, pan Stark, "A to znamená, že dokážeme pro zákazníka vytvořit jakýkoliv text nebo design textu. Máme mnoho zakázek od novin, časopisů a od ostatních zákazníků. Každá objednávka je jiná, ale nikdy žádnou neodmítáme."
Alexander má tuhle práci hodně rád, protože může rozvíjet své tvůrčí schopnosti. Má rád tvůrčí práci jako psaní kompozic a design. Protože studuje design ve škole, je to pro jeho budoucí povolání velmi vhodná práce.
Pan Stark má dnes pro něj nějaké nové úkoly.
"Máme nějaké objednávky. Můžeš udělat dvě z nich," říká pan Stark, "První objednávka je od telefonní společnosti. Vyrábí telefony se záznamníky. Potřebují nějaké vtipné texty pro záznamníky. Nic neprodává lépe než vtipné věci. Napiš čtyři nebo pět textů, prosím."
"Jaké dlouhé mají být?" - ptá se Alexander.
"Mohou být dlouhé od pěti do třiceti slov," pan Stark odpoví, "A druhá objednávka je od časopisu "Zelený svět". Tenhle časopis píše o zvířatech, ptácích, rybách atd. Potřebují text o libovolném domácím zvířeti. Může to být legrační nebo smutný, nebo prostě příběh o tvém zvířeti. Máš nějaké zvíře?"
"Ano. Mám kočku. Jmenuje se Minka," Alexander odpoví, "A myslím, že můžu napsat příběh o jejích tricích. Kdy to musí být hotové?"

Alexander works at a publishing house

Alexander works as a young helper at the publishing house All-round. He does writing work. "Alexander, our firm's name is All-round," the head of the firm Mr. Stark says, "And this means we can do any text composition and design work for any customer. We get many orders from newspapers, magazines and from other customers. All of the orders are different but we never refuse any."
Alexander likes this job a lot because he can develop creative skills. He enjoys creative works like writing compositions and design. Since he studies design at college it is a very suitable job for his future profession.
Mr. Stark has some new tasks for him today.
"We have some orders. You can do two of them," Mr. Stark says. "The first order is from a telephone company. They produce telephones with answering machines. They need some funny texts for answering machines. Nothing sells better than funny things. Compose four or five texts, please."
"How long must they be?" Alexander asks.
"They can be from five to thirty words," Mr. Stark answers, "And the second order is from the magazine "Green world". This magazine writes about animals, birds, fish etc. They need a text about any home animal. It can be funny or sad, or just a story about your own animal. Do you have an animal?"
"Yes, I do. I have a cat. Its name is Minka," Alexander answers. "And I think I can write a story about its tricks. When must it be ready?"
"These two orders must be ready by tomorrow," Mr. Stark answers.

"Tyto dvě objednávky musí být do zítřka připraveny," odpoví pan Stark.
"Dobře. Mohu začít teď?" - ptá se Alexander.
"Ano, Alexandře," říká pan Stark.
Alexander přinese ty texty příští den. Má pět textů pro záznamníky. Pan Stark čte:
1. "Ahoj. Teď něco řekni."
2. "Dobrý den. Já jsem záznamník. Co jste zač vy?"
3. "Ahoj. Doma není nikdo kromě mého záznamníku. Takže můžete mluvit s ním místo mě. Čekejte na signál."
4. "Zde není záznamník. Zde je přístroj na nahrávání myšlenek. Po zaznění signálu myslete na své jméno, důvod, proč voláte a číslo, na které vám můžu zavolat zpátky. A já popřemýšlím, jestli vám zavolám zpátky."
5. "Mluvte po zaznění signálu! Máte právo mlčet. Nahraji a použiji všechno, co řeknete."
"To není špatné. A co zvířata?" - ptá se pan Stark.
Alexander mu podává další list papíru. Pan Stark čte:
Pravidla pro kočky
Chůze:
Co nejčastěji a pokud možno co nejblíže před člověkem rychle utíkejte, zejména: na schodech, když člověk něco nese v rukou, ve tmě, a když se ráno vzbudí. Trénuje tim jeho koordinaci.
V posteli:
V noci vždy spěte na člověku. Tak se nemůže obrátit v posteli. Zkuste si lehnout na jeho nebo její tvář. Ujistěte se, že váš ocas je přímo na jeho nose.
Spánek:
Aby měla hodně energie pro hraní, kočka musí hodně spát (nejméně 16 hodin denně). Není těžké najít vhodné místo na spaní. Každé místo, kde člověk rád sedává, je dobré. Dobrá místa jsou taky venku. Ale nelze je využít když prší, nebo když je chladno. Místo toho lze použít otevřená okna.
Pan Stark se směje.
"Dobrá práce, Alexandře! Myslím, že časopisu "Zelený svět" se bude vaše práce líbit," říká.

"Okay. May I begin now?" Alexander asks.
"Yes, Alexander," Mr. Stark says.
Alexander brings those texts the next day. He has five texts for the answering machines. Mr. Stark reads them:
1. "Hi. Now you say something."
2. "Hello. I am an answering machine. And what are you?"
3. "Hi. Nobody is at home now but my answering machine is. So you can talk to it instead of me. Wait for the beep."
4. "This is not an answering machine. This is a thought-recording machine. After the beep, think about your name, your reason for calling and a number which I can call you back. And I will think about calling you back."
5. "Speak after the beep! You have the right to be silent. I will record and use everything you say."
"It is not bad. And what about animals?" Mr. Stark asks. Alexander gives him another sheet of paper. Mr. Stark reads:
Some rules for cats
Walking:
As often as possible, run quickly and as close as possible in front of a human, especially: on stairs, when they have something on their hands, in the dark, and when they get up in the morning. This will train their co-ordination.
In bed:
Always sleep on a human at night. So he or she cannot turn in the bed. Try to lie on his or her face. Make sure that your tail is right on their nose.
Sleeping:
To have a lot of energy for playing, a cat must sleep a lot (at least 16 hours per day). It is not difficult to find a suitable place to sleep. Any place where a human likes to sit is good. There are good places outdoors too. But you cannot use them when it rains or when it is cold. You can use open windows instead.
Mr. Stark laughs.
"Good work, Alexander! I think the magazine "Green world" will like your composition," he says.

23

Kočičí pravidla
Cat rules

A

Slovní zásoba
Words

1. ačkoliv - although
2. chutný - tasty
3. cokoliv - anything
4. čtoucí, čtení - reading
5. dítě - child
6. domácí úkol - homework
7. dostat - to get
8. host - guest
9. klávesnice - keyboard
10. komár - mosquito
11. kousat - to bite
12. krást - to steal
13. krok - step, vkročit, stoupnout - to step
14. láska - love, milovat - to love
15. legrace, zábava - fun
16. myslet, myšlení - thinking
17. někdy, občas - sometimes
18. několik - few
19. noha - leg
20. otírat se - to rub
21. panika - panic
22. panikařit - to panic
23. planeta - planet
24. počasí - weather
25. políbit, líbat se - to kiss
26. (po)za - behind
27. předstírat - to pretend
28. roční období, sezóna - season
29. šance - chance
30. schovat se - to hide; schovávačka - hide-and-seek
31. škola - school
32. tajemství - secret
33. tajemství, záhada - mystery
34. talíř - plate
35. toaleta, WC - toilet
36. uprchnout - run away
37. vařící, vaření – cooking
38. za - behind
39. zapomenout - to forget

B

Kočičí pravidla

"Časopis "Zelený svět" zadal zcela novou objednávku," říká pan Stark Alexandrovi příští den, "A ta objednávka je pro tebe, Alexandře. Líbí se jim tvé texty a chtějí delší text o "Kočičích pravidlech".
Alexander píše tento text dva dny. Tady je.

Tajná pravidla pro kočky

Ačkoli jsou kočky nejlepší a nejúžasnější zvířata na této planetě, někdy dělají velmi podivné věci. Jednomu člověku se podařilo ukrást pár kočičích tajemství. Jsou to pravidla na převzetí vlády nad světem! Ale jak tato pravidla kočkám pomáhají je pro lidí stále naprostou záhadou.
Koupelny:
Vždy choďte s hosty do koupelny a na WC. Nemusíte nic dělat. Jen si sedněte, dívejte se a někdy se jim otřete o nohy.
Dveře:
Všechny dveře musí být otevřené. Pro otevření dveří se postavte a smutně koukejte na lidi. Když otevřou dveře, nemusíte skrz ně projít. Po otevření vnějších dveří tímto způsobem se postavte do dveří a na něco myslete. Obzvlášť důležité je to při velmi chladném počasí, v deštivý den, nebo když je sezóna komárů.
Vaření:
Vždy se posaďte přímo za pravou nohu vařícího člověka. Takže vás nemohou vidět a máte vyšší šanci, že na vás stoupne. Když se to stane, vezmou si vás do rukou a dá vám něco dobrého k jídlu.
Čtení knih:
Pokuste se dostat co nejblíž k obličeji čtoucího člověka, mezi jeho oči a knihu. Nejlepší je lehnout si na knihu.
Domácí úkoly dětí:
Lehněte si na knihy a učebnice a předstírejte, že spíte. Občas ale skočte na propisku. Kousejte, když se vás dítě pokouší odvést pryč od stolu.
Počítač:
Když člověk pracuje na počítači, vyskočte na stůl a

Cat rules

"The magazine "Green world" places a new order," Mr. Stark says to Alexander next day, "And this order is for you, Alexander. They like your composition and they want a bigger text about "Cat rules".
It takes Alexander two days to compose this text. Here it is.

Some secret rules for cats

Although cats are the best and the most wonderful animals on this planet, they sometimes do very strange things. One of the humans managed to steal some cat secrets. They are some rules of life in order to take over the world! But how these rules will help cats is still a total mystery to the humans.
Bathrooms:
Always go with guests to the bathroom and to the toilet. You do not need to do anything. Just sit, look and sometimes rub their legs.
Doors:
All doors must be open. To get a door opened, stand looking sad at humans. When they open a door, you need not go through it. After you open in this way the outside door, stand in the door and think about something. This is especially important when the weather is very cold, or when it is a rainy day, or when it is the mosquito season.
Cooking:
Always sit just behind the right foot of cooking humans. So they cannot see you and you have a better chance that a human steps on you. When it happens, they take you in their hands and give something tasty to eat.
Reading books:
Try to get closer to the face of a reading human, between eyes and the book. The best is to lie on the book.
Children's school homework:
Lie on books and copy-books and pretend to sleep. But from time to time jump on the pen. Bite if a child tries to take you away from the table.
Computer:
If a human works with a computer, jump up on the desk and walk over the keyboard.

projděte se po klávesnici.

Jídlo:
Kočky potřebují hodně jíst. Ale jídlo je jen polovina zábavy. Druhá polovina je dostat jídlo. Když lidi jedí, dejte jim do jejich talíře ocas, když se nedívají. Zvýší to vaši šanci dostat plný talíř s jídlem. Nikdy nejezte ze svého talíře, jestli si můžete vzít nějaké jídlo ze stolu. Nikdy nepijte z vlastní misky s vodou když můžete pít z lidského poháru.

Schovávačka:
Skrývejte se v místech, kde vás lidé nemohou najít pár dní. Takhle začnou panikařit (což milují) a budou myslet, že jste uprchli. Až se vrátíte z úkrytu, lidé vás budou líbat a dají vám najevo svou lásku. A možná dostanete něco dobrého.

Lidé:
Úkoly lidí jsou: krmit nás, hrát si s námi a čistit náš pelíšek. Je důležité, aby nezapomněli, kdo je pánem domu.

Food:
Cats need to eat a lot. But eating is only half of the fun. The other half is getting the food. When humans eat, put your tail in their plate when they do not look. It will give you a better chance to get a full plate of food. Never eat from your own plate if you can take some food from the table. Never drink from your own water plate if you can drink from a human's cup.

Hiding:
Hide in places where humans cannot find you for a few days. This will make humans panic (which they love) thinking that you ran away. When you come out of the hiding place, the humans will kiss you and show their love. And
you may get something tasty.

Humans:
Tasks of humans are to feed us, to play with us, and to clean our box. It is important that they do not forget who the head of the house is.

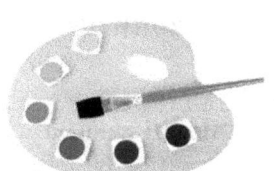

24

Týmová práce
Teamwork

A

Slovní zásoba
Words

1. brzo - soon
2. díval se - looked
3. dokud - until
4. hlavní, centrální - central
5. hotovo - finished
6. informoval - informed
7. kapitán - captain
8. kolega - colleague
9. krásný - beautiful
10. krátký - short
11. květina - flower
12. laser - laser
13. letěl pryč - flew away
14. měl - had
15. miliarda - billion
16. milovaný - loved
17. mimozemšťan, cizinec - alien
18. (na)mířil - pointed
19. některý z vás - either of you
20. odešel - went away
21. pohnul se - moved
22. pokračovat - to continue; pokračoval v pozorování - continued to watch
23. pracující - working
24. přišel - came
25. proti - against
26. radar - radar
27. rádio - radio
28. řekl - said
29. seriál - serial
30. slyšel - heard
31. smál se - smiled
32. spadnout - to fall, spadnul - fell
33. tančit - to dance; tančil - danced
34. tančící - dancing
35. televize - TV-set
36. tisíc - thousand
37. válka - war
38. věděl - knew
39. vesmír - space

40. vesmírná/kosmická loď - spaceship
41. vyučovat - to teach
42. vzpomínal si - remembered
43. zabil, usmrcen - killed
44. začal - began
45. zahrádka - garden
46. zapnul - switched on
47. zastavil se - stopped
48. (za)třásl (se) - shook
49. Země - earth
50. zemřít - to die, zemřel - died
51. zničit - destroy
52. zúčastnit se - to take part

B

Týmová práce

Stefan chce být novinářem. Studuje na univerzitě. Dnes má hodinu kompozice. Pan Bauer učí studenty psát texty.
"Drazí přátelé," říká, "Někteří z vás budou pracovat pro vydavatelství, noviny nebo časopisy, rádio nebo televizi. To znamená, že budete pracovat v týmu. Pracovat v týmu není jednoduché. Teď chci, abyste se pokusili udělat novinářský text v týmu. Potřebuji kluka a holku."
Mnozí studenti se chtějí zúčastnit týmové práce. Pan Bauer vybere Stefana a Carol. Carol je z USA, ale německy umí moc dobře.
"Posaďte se prosím k tomuto stolu. Teď jste kolegové," říká jim pan Bauer, "Budete psát krátký text. Některý z vás začne psát a pak dá text svému kolegovi. Váš kolega si přečte text a bude v něm pokračovat. Pak jej váš kolega vrátí a první si jej přečte a bude pokračovat. A tak dál, až vám vyprší čas. Dám vám dvacet minut."
Pan Bauer jim dává papír a Carol začíná. Chvíli přemýšlí a pak píše.

Týmová práce
Carol: Julia se dívala z okna. Květiny v její zahrádce se pohybovaly ve větru, jako by tančily. Vzpomněla si na večer, kdy tančila s Billym. Bylo to před rokem, ale vzpomínala si na všechno - na jeho modré oči, jeho úsměv a jeho hlas. Byla to šťastná chvíle pro ni, ale teď je to pryč. Proč s ní nebyl?
Stefan: V tomto okamžiku byl kapitán Billy Brisk na kosmické lodi Bílá hvězda. Měl důležitou úlohu, a neměl čas přemýšlet o té pitomé dívce, s

Team work

Stefan wants to be a journalist. He studies at a college. He has a composition lesson today. Mr. Bauer teaches students to write composition.
"Dear friends," he says, "some of you will work for publishing houses, newspapers or magazines, the radio or television. This means you will work in a team. Working in a team is not simple. Now I want that you try to make a journalistic composition in a team. I need a boy and a girl."
Many students want to take part in the team work. Mr. Bauer chooses Stefan and Carol. Carol is from the USA but she can speak German very well.
"Please, sit at this table. Now you are colleagues," Mr. Bauer says to them, "You will write a short composition. Either of you will begin the composition and then give it to your colleague. Your colleague will read the composition and continue it. Then your colleague will give it back and the first one will read and continue it. And so on until your time is over. I give you twenty minutes."
Mr. Bauer gives them paper and Carol begins. She thinks a little and then writes.

Team composition
Carol: Julia was looking through the window. The flowers in her garden were moving in the wind as if dancing. She remembered that evening when she danced with Billy. It was a year ago but she remembered everything - his blue eyes, his smile and his voice. It was a happy time for her but it was over now. Why was not he with her?
Stefan: At this moment space captain Billy Brisk was at the spaceship White Star. He had an important task and he did not have time to think about that silly girl who he danced with a year

kterou tančil před rokem. Rychle zamířil lasery Bílé hvězdy na mimozemské kosmické lodi. Pak zapnul rádio a promluvil s mimozemšťany: " Dávám vám hodinu, abyste se vzdali. Pokud se do hodiny nevzdáte, zničím vás." Ale ještě než dokončil, zasáhl levý motor Bílé hvězdy laser mimozemšťanů. Billyho laser začal trefovat mimozemské kosmické lodi a zároveň zapnul centrální a pravý motory. Laser mimozemšťanů zničil pravý motor a Bílá hvězda se pořádně zachvěla. Billy upadl na podlahu a během pádu přemýšlel, kterou z mimozemských kosmických lodi musí zničit jako první.

Carol: Ale udeřil se hlavou na kovové podlaze a ve stejném okamžiku zemřel. No před smrtí si vzpomněl na chudou krásnou dívku, která ho milovala a bylo mu velmi líto, že od ní odešel. Brzy lidé zastavili tu hloupou válku proti ubohým mimozemšťanům. Zničili všechny své kosmické lodě a lasery a informovali cizince, že lidé již opět nezačnou válku proti nim. Lidé říkali, že chtěli být přátelé s mimozemšťany. Julie byla velmi ráda, když to slyšela. Pak šla k televizi a pustila si úžasný německý seriál.

Stefan: Protože si lidé zničili své vlastní radary a lasery, nikdo nevěděl, že kosmické lodi cizinců přiletěly velmi blízko k Zemi. Tisíce cizineckých laserů dopadlo na zem a zabilo ubohou, hloupou Julii a pět miliard lidí v sekundě. Země byla zničena a její točící se části odletěly do vesmíru.

"Vidím, že jste přišli ke konci před vypršením času," pan Bauer se usmál, "No, hodina skončila. Tuto týmovou práci si přečteme a promluvíme si o ní během příští hodiny."

ago. He quickly pointed the lasers of White Star at alien spaceships. Then he switched on the radio and talked to the aliens: "I give you an hour to give up. If in one hour you do not give up I will destroy you." But before he finished an alien laser hit the left engine of the White Star. Billy's laser began to hit alien spaceships and at the same time he switched on the central and the right engines. The alien laser destroyed the working right engine and the White Star shook badly. Billy fell on the floor thinking during the fall which of the alien spaceships he must destroy first.

Carol: But he hit his head on the metal floor and died at the same moment. But before he died he remembered the poor beautiful girl who loved him and he was very sorry that he went away from her. Soon people stopped this silly war on poor aliens. They destroyed all of their own spaceships and lasers and informed the aliens that people would never start a war against them again. People said that they wanted to be friends with the aliens. Julia was very glad when she heard about it. Then she switched on the TV-set and continued to watch a wonderful German serial.

Stefan: Because people destroyed their own radars and lasers, nobody knew that spaceships of aliens came very close to the Earth. Thousands of aliens' lasers hit the Earth and killed poor silly Julia and five billion people in a second. The Earth was destroyed and its turning parts flew away in space.

"I see you came to the finish before your time is over," Mr. Bauer smiled, "Well, the lesson is over. Let us read and speak about this team composition during the next lesson."

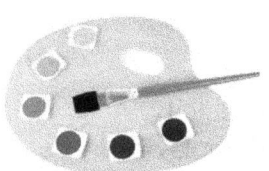

25

Mike a Stefan si hledají novou práci
Mike and Stefan are looking for a new job

A

Slovní zásoba
Words

1. cestovat - to travel
2. domácí mazlíček/zvíře - pet
3. doporučit - to recommend; doporučení - recommendation
4. dotazník - questionnaire
5. inženýr - engineer
6. inzerát - ad
7. inzerát, reklama - advert
8. jídlo - food
9. kotě - kitten
10. krysa - rat
11. lékař, doktor - doctor
12. lídr, vůdce - leader
13. lstivý - sly
14. metoda - method
15. monotónní - monotonous
16. myšlenka, nápad - idea
17. nadání, dar - gift
18. nahlas - aloud
19. našel - found
20. obsloužit, obluhovat - to serve
21. odhadnout, ohodnotit - to estimate
22. osobní - personal
23. poradenství - consultancy
24. překladatel - translator
25. příroda - nature
26. programátor - programmer
27. rubrika - rubric
28. sen - dream, snít - to dream
29. soused - neighbour
30. španěl - spaniel
31. španělština, španělský - Spanish
32. špinavý - dirty
33. spisovatel - writer
34. štěně - puppy
35. umělec - artist

36. umění - art
37. věk - age
38. veterinář - vet
39. zatímco - while
40. zemědělec - farmer

B

Mike a Stefan si hledají novou práci

Mike a Stefan jsou u Stefana doma. Stefan uklízí stůl po snídani a Mike čte reklamy a inzeráty v novinách. Čte rubriku "Zvířata". Stefanova sestra Anke je v místnosti také. Pokouší se chytit kočku, jež se skrývá pod postelí.
"Tolik zvířat zdarma v novinách. Myslím, že si vyberu kočku nebo psa. Stefane, co myslíš?" - ptá se Mike Stefana.
"Anke, neobtěžuj kočku!" - říká Stefan zlostně, "Miku, to není špatný nápad. Tvůj mazlíček bude vždy na tebe čekat doma a bude šťastný, až se vrátíš domů a dáš mu nějaké jídlo. Ale nezapomeň, že s mazlíčkem budeš muset chodit na procházku ráno a večer nebo budeš muset čistit jeho krabici. Někdy budeš muset umýt podlahu nebo vzít svého mazlíčka k veterináři. Tak si to pečlivě zvaž ještě předtím, než si zvíře pořídíš."
"Jsou zde i nějaké inzeráty. Poslouchej," říká Mike a začne číst nahlas:
"Našel jsem špinavého bílého psa, vypadá jako krysa. Může žít venku dlouho. Nabízím ho za peníze."
A zde ještě jeden:
"Španělský pes, mluví španělsky. Zdarma. A zadarmo štěňata, napůl kokršpaněl, napůl lstivý pes souseda,"
Mike se podívá na Stefana, "Jak může pes mluvit španělsky?"
"Pes může španělsky rozumět. Rozumíš španělštině?" - ptá se Stefan s úsměvem.
"Vůbec nerozumím španělštině. Poslouchej, tady je ještě jeden inzerát:
"Nabízím zdarma koťata z farmy. Připravena jíst. Sní všechno,"
Mike listuje v novinách, "No, myslím, že domácí zvířata můžou počkat. Bude lepší hledat si práci,"

Mike and Stefan are looking for a new job

Mike and Stefan are at Stefan's home. Stefan is cleaning the table after breakfast and Mike is reading adverts and ads in a newspaper. He is reading the rubric "Animals". Stefan's sister Anke is in the room too. She is trying to catch the cat hiding under the bed.
"There are so many pets for free in the newspaper. I think I will choose a cat or a dog. Stefan, what do you think?" Mike asks Stefan.
"Anke, do not bother the cat!" Stefan says angrily, "Well Mike, it is not a bad idea. Your pet will always wait for you at home and will be so happy when you come back home and give some food. And do not forget that you will have to walk with your pet in mornings and evenings or clean its box. Sometimes you will have to clean the floor or take your pet to a vet. So think carefully before you get an animal."
"Well, there are some ads here. Listen," Mike says and begins to read aloud:
"Found dirty white dog, looks like a rat. It may live outside for a long time. I will give it away for money."
Here is one more:
"Spanish dog, speaks Spanish. Give away for free. And free puppies half spaniel half sly neighbor's dog,"
Mike looks at Stefan, "How can a dog speak Spanish?"
"A dog may understand Spanish. Can you understand Spanish?" Stefan asks smiling.
"I cannot understand Spanish. Listen, here is one more ad:
"Give away free farm kittens. Ready to eat. They will eat anything,"
Mike turns the newspaper, "Well. I think pets can wait. I will better look for a job," he finds the rubric about jobs and reads aloud,
"Are you looking for a suitable job? The job consultancy "Suitable personnel"

najde rubriku o práci a nahlas čte,
"Hledáte vhodnou práci? Pracovní poradenství "Vhodný personál" vám pomůže. Naši konzultanti odhadnou vaše osobní nadání a dají vám doporučení ohledně nejvhodnějších povolání."
Mike se podívá nahoru a řekne: "Stefane, co myslíš?"
"Nejlepší zaměstnání pro vás je mytí náklaďáku v moři a nechat to plavat," říká Anke a rychle běží ven z místnosti.
"To není špatný nápad. Pojďme tam teď," odpoví Stefan a bere opatrně kocoura z konvice, kam zvíře před chvilkou položila Anke.
Mike a Stefan dorazí do pracovního poradenství "Vhodný personál" na kolech. Není zde žádná fronta, takže jdou dovnitř. Jsou zde dvě ženy. Jedna z nich mluví do telefonu. Druhá žena něco píše. Požádá Mikea a Stefana, aby se posadili. Jmenuje se paní Habel. Zeptá se na jejich jména a jejich věk.
"Dobře, dovolte mi, abych vám vysvětlila metodu, kterou používáme. Podívejte se, je zde pět typů povolání.
1. První typ je člověk-příroda. Povolání: zemědělec, pracovník zoo, atd.
2. Druhý typ je člověk-stroj. Povolání: pilot, taxikář, řidič, atd.
3. Třetím typem je člověk-člověk. Povolání: doktor, učitel, novinář, atd.
4. Čtvrtý typ je člověk-počítač. Povolání: překladatel, inženýr, programátor, atd.
5. Pátý typ je člověk-umělec. Povolání: spisovatel, umělec, zpěvák, atd.
Dáváme doporučení ohledně vhodného povolání pouze tehdy, když se o vás dozvíme víc. Nejdřív mi dovolte odhadnout vaše osobní nadání. Musím vědět, co máte rádi a co nesnášíte. Pak budeme vědět, jaká profese je pro vás nejvhodnější. Teď, prosím, vyplňte dotazník," říká paní Habel a podává jim dotazníky. Stefan a Mike vyplní dotazníky.

Dotazník
Jméno: *Stefan Müller*
Dávat pozor na stroje - Nemám nic proti
Mluvit s lidmi - Mám rád
Obsluhovat zákazníky - Nemám nic proti

can help you. Our consultants will estimate your personal gifts and will give you a recommendation about the most suitable profession."
Mike looks up and says: "Stefan what do you think?"
"The best job for you is washing a truck in the sea and let it float," Anke says and quickly runs out of the room.
"It is not a bad idea. Let's go now," Stefan answers and takes carefully the cat out of the kettle, where Anke put the animal a minute ago.
Mike and Stefan arrive to the job consultancy "Suitable personnel" by their bikes. There is no queue, so they go inside. There are two women there. One of them is speaking on the telephone. Another woman is writing something. She asks Mike and Stefan to take seats. Her name is Mrs. Habel. She asks them their names and their age.
"Well, let me explain the method which we use. Look, there are five kinds of professions.
1. The first kind is man - nature. Professions: farmer, zoo worker etc.
2. The second kind is man - machine. Professions: pilot, taxi driver, truck driver etc.
3. The third kind is man - man. Professions: doctor, teacher, journalist etc.
4. The fourth kind is man - computer. Professions: translator, engineer, programmer etc.
5. The fifth kind is man - art. Professions: writer, artist, singer etc.
We give recommendations about a suitable profession only when we learn about you more. First let me estimate your personal gifts. I must know what you like and what you dislike. Then we will know which kind of profession is the most suitable for you. Please, fill up the questionnaire now," Mrs. Habel says and gives them the questionnaires. Stefan and Mike fill up the questionnaires.

Questionnaire
Name: *Stefan Müller*
Watch machines - I do not mind
Speak with people - I like
Serve customers - I do not mind
Drive cars, trucks - I like

Řídit auta, nákladáky - Mám rád
Pracovat v kanceláři - Mám rád
Pracovat venku - Mám rád
Mnoho si pamatovat - Nemám nic proti
Cestovat - Mám rád
Hodnotit, kontrolovat - Nesnáším
Špinavou práci - Nemám nic proti
Monotónní práci - Nesnáším
Těžkou práci - Nemám nic proti
Být lídrem - Nemám nic proti
Pracovat v týmu - Nemám nic proti
Snít při práci - Mám rád
Trénovat - Nemám nic proti
Kreativní práci - Mám rád
Pracovat s textem - Mám rád

Dotazník
Jméno: *Mike Sullivan*
Dávat pozor na stroje - Nemám nic proti
Mluvit s lidmi - Mám rád
Obsluhovat zákazníky - Nemám nic proti
Řídit auta, nákladáky - Nemám nic proti
Pracovat v kanceláři - Mám rád
Pracovat venku - Mám rád
Mnoho si pamatovat - Nemám nic proti
Cestovat - Mám rád
Hodnotit, kontrolovat - Nemám nic proti
Špinavou práci - Nemám nic proti
Monotónní práci - Nesnáším
Těžkou práci - Nemám nic proti
Být lídrem - Nesnáším
Pracovat v týmu - Mám rád
Snít při práci - Mám rád
Trénovat - Nemám nic proti
Kreativní práci - Mám rád
Pracovat s textem - Mám rád

Work inside - I like
Work outside - I like
Remember a lot - I do not mind
Travel - I like
Estimate, check - I hate
Dirty work - I do not mind
Monotonous work - I hate
Hard work - I do not mind
Be leader - I do not mind
Work in team - I do not mind
Dream while working - I like
Train - I do not mind
Do creative work - I like
Work with texts - I like

Questionnaire
Name: *Mike Sullivan*
Watch machines - I do not mind
Speak with people - I like
Serve customers - I do not mind
Drive cars, trucks - I do not mind
Work inside - I like
Work outside - I like
Remember a lot - I do not mind
Travel - I like
Estimate, check - I do not mind
Dirty work - I do not mind
Monotonous work - I hate
Hard work - I do not mind
Be leader - I hate
Work in team - I like
Dream while working - I like
Train - I do not mind
Do creative work - I like
Work with texts - I like

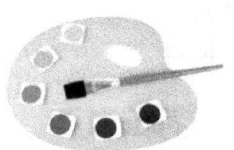

26

Ucházení se o místo v "Bremerhavener Nachrichten"
Applying to "Bremerhavener Nachrichten"

A

Slovní zásoba
Words

1. dal - gave
2. doporučil - recommended
3. doprovodit - to accompany
4. dozvěděl se o - learned about
5. druhé jméno - middle name
6. editor - editor
7. finance - finance
8. formulář - form
9. hlídka - patrol
10. hvězdička - asterisk
11. informace - information
12. jedenadvacet - twenty-one
13. mohl - could
14. muž - male
15. na shledanou - goodbye
16. ohodnotil - estimated
17. opustit - to leave
18. plynule - fluently
19. podtrhnout - to underline
20. pohlaví - sex
21. pole - field
22. policie - police
23. pracoval - worked
24. prázdný - blank, empty
25. přišel, dorazil - arrived
26. reportér - reporter
27. sedmnáct - seventeen (hour)
28. slečna - Miss
29. státní občanství, národnost - nationality
30. stav – status; rodinný stav - family status
31. svobodný, nezadaný - single
32. týden - week
33. ucházet se o - to apply
34. vzal, odnesl - took
35. vzdělání - education
36. žena - female
37. zeptal se - asked
38. zločinec - criminal
39. zpráva - to report

B

Ucházení se o místo v „Bremerhavener Nachrichten"

Paní Habel vyhodnotila Stefanovy a Mikeovy odpovědi v dotaznících. Poté, co se dozvěděla o jejich osobních nadáních, mohla jim dát nějaké doporučení ohledně vhodného povolání. Řekla jim, že třetí typ povolání je pro ně nejvhodnější. Mohli by pracovat jako lékaři, učitelé nebo novináři, atd. Paní Habel jim doporučila ucházet se o práci v novinách "Bremerhaven Nachrichten". Nabízeli částečný úvazek studentům, kteří by mohli psát policejní zprávy pro trestní rubriku. Tak Mike a Stefan dorazili na personální oddělení novin "Bremerhaven Nachrichten" a ucházeli se o tuhle práci.
"Byli jsme dnes v pracovním poradenství "Vhodný personál," řekl Stefan slečně Krämer, která byla vedoucí personálního oddělení, "Doporučili nám ucházet se o práci ve vašich novinách."
"Dobře, pracovali jste již jako reportéři?" zeptala se slečna Krämer.
"Ne, nepracovali jsme," odpověděl Stefan.
"Vyplňte prosím tyto osobní dotazníky," řekla slečna Krämer a dala jim dva formuláře. Mike a Stefan vyplnili formuláře s osobními údaji.

Osobní dotazník
Vyplňte pole označená hvězdičkou*. Ostatní pole můžete nechat prázdná.
Jméno* - *Stefan*
Druhé jméno
Příjmení* - *Müller*
Pohlaví* *(podtrhněte)* - <u>*muž*</u> *žena*
Věk* - *Dvacet let*
Státní občanství* - *Německé*
Rodinný stav *(podtrhněte)* - <u>*svobodný/á*</u> *ženatý/vdaná*
Adresa* - *Nelkenova ulice 11, Bremerhaven. Německo*
Vzdělání - *Studuji třetím rokem žurnalistiku na vysoké škole*
Kde jste pracoval předtím? - *Předtím jsem pracoval dva měsíce jako pracovník zemědělského podniku*
Jaké zkušenosti a dovednosti jste získal?* - *Umím řídit*

Applying to "Bremerhavener Nachrichten"

Mrs. Habel estimated Stefan's and Mike's answers in the questionnaires. When she learned about their personal gifts she could give them some recommendations about suitable professions. She said that the third profession kind is the most suitable for them. They could work as a doctor, a teacher or a journalist etc. Mrs. Habel recommended them to apply for a job with the newspaper „Bremerhavener Nachrichten". They gave a part time job to students who could compose police reports for the criminal rubric. So Mike and Stefan arrived at the personnel department of the newspaper „Bremerhavener Nachrichten" and applied for this job.
"We have been to the job consultancy "Suitable personnel" today," Stefan said to Miss Krämer, who was the head of the personnel department, "They have recommended us to apply to your newspaper."
"Well, have you worked as a reporter before?" Miss Krämer asked.
"No, we have not," Stefan answered.
"Please, fill up these personal information forms," Miss Krämer said and gave them two forms. Mike and Stefan filled up the personal information forms.

Personal information form
You must fill up fields with asterisk *. You can leave other fields blank.
First name* - Stefan
Middle name
Last name* - Müller
Sex* (underline) - <u>Male</u> Female
Age* - Twenty years old
Nationality* - German
Family status (underline) - <u>single</u> married
Address* - Nelkenstraße 11, Bremerhaven
Education - I am studying Journalism in the third year at a college
Where have you worked before? - I worked for two months as a farm worker
What experience and skills have you had?* - I can drive a car, a truck and I can use a

auto, nákla ďák a umím používat počítač
Jazyky* 0 - ne, 10 - plynule - *Německy - 10, Anglicky - 8*
Řidičský průkaz* (podtněte) - *Ne Ano Typ: BC, umím řídit nákla ďák.*
Hledáte práci* *(podtněte)* - *Plný úvazek Částečný úvazek: 15 hodin týdně*
Kolik chcete vydělávat - *15 eur na hodinu*

Osobní dotazník
Vyplňte pole označená s hvězdičkou. Ostatní pole můžete nechat prázdná.*

Jméno* - *Mike*
Druhé jméno
Příjmení* - *Sullivan*
Pohlaví* *(podtrhněte)* - *muž žena*
Věk* - *Dvacetjeden let*
Státní občanství* - *USA Američan*
Rodinný stav *(podtrhněte)* - *svobodný/á ženatý/vdaná*
Adresa* - *Pokoj č. 218, Studentská kolej, An der Allee 36, Bremerhaven, Německo*
Vzdělání - *Studuji druhým rokem počítačový design na vysoké škole*
Kde jste pracoval předtím? - *Předtím jsem pracoval dva měsíce jako pracovník zemědělského podniku*
Jaké zkušenosti a dovednosti jste získal?* - *Umím používat počítač*
Jazyky* 0 - ne, 10 - plynule - *Německy - 8, Anglicky - 10*
Řidičský průkaz* (podtněte) - *Ne Ano Typ:*
Hledáte práci* *(podtněte)* - *Plný úvazek Částečný úvazek: 15 hodin týdně*
Kolik chcete vydělávat - *15 eur na hodinu*

Slečna Krämer zanesla jejich osobních dotazníky editorovi "Bremerhavener Nachrichten".
"Editor souhlasil," řekla slečna Krämer, když se vrátila, "Budete doprovázet policejní hlídku a pak napíšete zprávu do kriminální rubriky. Policejní auto vás přijede vyzvednout zítra v sedmnáct hodin. Buďte tady na čas, ano?"
"Jistě," odpověděl Mike.
"Ano, budeme," řekl Stefan, "Na shledanou."
"Na shledanou," odpověděla slečna Krämer.

computer
Languages 0 - no, 10 - fluently - German - 10, English - 8*
Driving license (underline) - No Yes Kind: BC, I can drive trucks*
You need a job (underline) - Full time Part time: 15 hours a week*
You want to earn - 15 euros per hour

Personal information form
*You must fill up fields with asterisk *. You can leave other fields blank.*
First name - Mike*
Middle name
Last name - Sullivan*
Sex (underline) - Male Female*
Age - Twenty-one years old*
Nationality - American*
Family status (underline) - Single Married
Address - Room 218, student dorms, An der Allee 36, Bremerhaven Germany.*
Education - I study computer design in the second year at a college
Where have you worked before? - I worked for two months as a farm worker
What experience and skills have you had? - I can use a computer*
Languages 0 - no, 10 - fluently - German - 8, English - 10*
Driving license (underline) - No Yes Kind:*
You need a job (underline) - Full time Part time: 15 hours a week*
You want to earn - 15 euros per hour

Miss Krämer took their personal information forms to the editor of "Bremerhavener Nachrichten".
"The editor has agreed," Miss Krämer said when she came back, "You will accompany a police patrol and then compose reports for the criminal rubric. A police car will come tomorrow at seventeen o'clock to take you. Be here at this time, will you?"
"Sure," Mike answered.
"Yes, we will," Stefan said, "Goodbye."
"Goodbye," Miss Krämer answered.

27

Policejní hlídka (část 1)
The police patrol (part 1)

A

Slovní zásoba
Words

1. alarm - alarm
2. bezpečnostní pásy - seat belts
3. čekal - waited
4. cena - price
5. Co se děje? Co se stalo? - What is the matter?
6. doprovázel - accompanied
7. dvanáct - twelve
8. klíč - key
9. limit, maximum - limit
10. loupež - robbery
11. mikrofon - microphone
12. nastartoval - started (to drive)
13. ohlížet se kolem sebe - to look around
14. otevřený - opened
15. pistole - gun
16. policista - officer, policeman
17. porozuměl, pochopil - understood
18. potkal, poznal - met
19. pouta, želízka - handcuffs
20. překročit povolenou rychlost - to speed
21. porušovatel povolené rychlosti - speeder
22. přijel - drove
23. připoutat se - fasten
24. prohnat se - rushed
25. pronásledování - pursuit
26. rychlost - speed
27. seržant - sergeant
28. siréna - siren
29. skryl (se), schoval (se) - hid
30. sto - hundred
31. udělal - did
32. ukázal - showed
33. ustrašený - afraid
34. vkročil - stepped
35. všichni, každý - everybody
36. vyjící - howling
37. vysoký - high
38. (vy)sušit - to dry, suchý - dry (adj)
39. (za)křičel - cried
40. zaštěkal - barked
41. zatracený - damn
42. zavřený - closed
43. zkusil - tried
44. zloděj, lupič - thief
45. zloději, lupiči - thieves

B

Policejní hlídka (část 1)

Mike a Stefan dorazili do budovy novin "Bremerhavener Nachrichten" v sedmnáct hodin příští den. Policejní vůz na ně již čekal. Z auta vystoupil policista.
"Dobrý den. Jsem seržant Frank Stein," řekl, když Stefan a Mike přišli k autu.
"Dobrý den. Rád vás poznávám. Jmenuji se Mike. My vás máme doprovodit," odpověděl Mike.
"Dobrý den. Já jsem Stefan. Čekal jste na nás dlouho?" - zeptal se Stefan.
"Ne. Právě jsem sem dorazil. Nastupme si do auta. Teď začneme s prohlídkou města," řekl policista. Všichni nastoupili do policejního auta.
"Doprovázíte policejní hlídku poprvé?" zeptal se seržant Stein a nastartoval motor.
"Ještě nikdy předtím jsme nedoprovázeli policejní hlídku," odpověděl Stefan.
V tom okamžiku začalo mluvit policejní rádio:
"Pozor, P11 a P07! Modrý vůz překračuje rychlost podél College Street."
"P07 příjem," řekl seržant Stein do mikrofonu. Pak řekl klukům: "Číslo našeho auta je P07." Velké modré auto se přehnalo kolem nich velmi vysokou rychlostí. Frank Stein vzal mikrofon znovu a řekl: "Mluví P07. Vidím modré auto překračující rychlost. Zahajuji pronásledování," pak řekl klukům, "Připoutejte se." Policejní vůz rychle vystartoval. Seržant šlápl na plyn na maximum a zapnul sirénu. Za vytí sirény se prohnali kolem budov, automobilů a autobusů. Frank Stein přinutil zastavit modré auto. Seržant vystoupil ven z auta a kráčel k porušovateli povolené rychlosti. Stefan a Mike šli za ním.
"Jsem policista Frank Stein. Ukažte mi prosím váš řidičský průkaz," řekl policista porušovateli povolené rychlosti.
"Tady je můj řidičský průkaz," řidič ukázal svůj řidičský průkaz, "Co se děje?" řekl zlostně.
"Řídil jste přes město rychlostí sto dvacet kilometrů za hodinu. Rychlostní limit je padesát," řekl seržant.

The police patrol (part 1)

Mike and Stefan arrived at the building of the newspaper "Bremerhavener Nachrichten" at seventeen o'clock next day. The police car was waiting for them already. A policeman got out of the car.
"Hello. I am sergeant Frank Stein," he said when Stefan and Mike came to the car.
"Hello. Glad to meet you. My name is Mike. We must accompany you," Mike answered.
"Hello. I am Stefan. Were you waiting long for us?" Stefan asked.
"No. I have just arrived here. Let us get into the car. We begin city patrolling now," the policeman said. They all got into the police car.
"Are you accompanying a police patrol for the first time?" sergeant Stein asked starting the engine.
"We have never accompanied a police patrol before," Stefan answered.
At this moment the police radio began to talk:
"Attention P11 and P07! A blue car is speeding along College street."
"P07 got it," sergeant Stein said in the microphone. Then he said to the boys: "The number of our car is P07." A big blue car rushed past them with very high speed. Frank Stein took the mic again and said: "P07 is speaking. I see the speeding blue car. Begin pursuit," then he said to the boys, "Fasten your seat belts." The police car started quickly. The sergeant stepped on the gas up to the stop and switched on the siren. They rushed with the howling siren past buildings, cars and buses. Frank Stein made the blue car stop. Sergeant got out of the car and went to the speeder. Stefan and Mike went after him.
"I am police officer Frank Stein. Show your driving license, please," the policeman said to the speeder.
"Here is my driving license," the driver showed his driving license. "What is the matter he said angryly.
"You were driving through the city with a speed of one hundred and twenty kilometers an hour. The speed limit is fifty," the sergeant said.
"Ah, this. You see, I have just washed my car. So I

"Ach, to. Právě jsem umyl své auto, vidíte? Proto jsem jel trochu rychleji, aby vyschlo," řekl muž s potměšilým úsměvem.
"Je umytí auta drahé?" - zeptal se policista.
"Moc ne. Stálo to dvanáct euro," řekl porušovatel.
"Neznáte ceny," řekl seržant Stein, "Doopravdy vás to stojí dvě stě dvanáct euro, protože za vysušení auta zaplatíte dvě stě eur. Tady je pokuta. Hezký den," řekl policista. Podal porušovateli pokutu za rychlost na dvě stě euro a řidičský průkaz a vracel se zpět do policejního auta.
"Franku, domnívám se, že máte spoustu zkušeností s porušovateli povolené rychlosti, že ano?" - zeptal se policisty Stefan.
"Potkal jsem jich mnoho," řekl Frank nastartujíc motor, "Nejdřív vypadají jako vzteklí tygři nebo prolhané lišky. Ale když si pak s nimi promluvím, vypadají jako ustrašená koťata nebo hloupé opice. Jako ten v modrém autě."
Mezitím projíždělo malé bílé auto pomalu ulicí nedaleko městského parku. Auto zastavilo blízko obchodu. Z auta vystoupili muž se ženou a šli do obchodu. Bylo zavřeno. Chlap se ohlédl. Pak rychle vytáhl nějaké klíče a pokoušel se otevřít dveře. Konečně je otevřel a oba vešli dovnitř.
"Podívej se! Je zde tolik šatů!" prohlásila žena.
Vytáhla velký pytel a začala do něj všechno dávat. Když byl pytel plný, odnesla ho do auta a vrátila se.
"Ber všechno rychle! Ach! To je ale nádherný klobouk!" - řekl muž. Vytáhl z výkladu velký černý klobouk a nasadil si ho.
"Podívej se na tyhle červené šaty! Moc se mi líbí!" - řekla žena a rychle si oblékla červené šaty.
Neměla více pytlů. Proto vzala do rukou další věci, vyběhla ven a naložila je do auta. Pak běžela dovnitř, aby přinesla více věcí.
Policejní vůz P07 pozvolna projížděl podél městského parku, když rádio začalo mluvit:
"Pozor, všem hlídkám. Máme tu loupežný alarm z obchodu u městského parku. Adresa obchodu je Park Street 72."
"P07 příjem," řekl Frank do mikrofonu, "Jsem velmi blízko k tomu místu. Jedu tam." Obchod našli velmi rychle a zastavili u bílého auta. Poté vystoupili ven z auta a schovali se za něj. Žena v

was driving a little faster to dry it up," the man said with a sly smile.
"Does it cost much to wash the car?" the policeman asked.
"Not much. It cost twelve euros," the speeder said.
"You do not know the prices," sergeant Stein said, "It really costs you two hundred and twelve euros because you will pay two hundred euros for drying the car. Here is the ticket. Have a nice day," the policeman said. He gave a speeding ticket for two hundred euros and the driving license to the speeder and went back to the police car.
"Frank, I think you have lots of experiences with speeders, haven't you?" Stefan asked the policeman.
"I have met many of them," Frank said starting the engine, "At first they look like angry tigers or sly foxes. But after I speak with them, they look like afraid kittens or silly monkeys. Like that one in the blue car."
Meanwhile a little white car was slowly driving along a street not far from the city park. The car stopped near a shop. A man and a woman got out of the car and went up to the shop. It was closed. The man looked around. Then he quickly took out some keys and tried to open the door. At last he opened it and they went inside.
"Look! There are so many dresses here!" the woman said. She took out a big bag and began to put in everything there. When the bag was full, she took it to the car and came back.
"Take everything quickly! Oh! What a wonderful hat!" the man said. He took from the shop window a big black hat and put it on.
"Look at this red dress! I like it so much!" the woman said and quickly put on the red dress. She did not have more bags. So she took more things in her hands, ran outside and put them on the car. Then she ran inside to bring more things.
The police car P07 was slowly driving along the city park when the radio began to talk: "Attention all patrols. We have got a robbery alarm from a shop near the city park. The address of the shop is 72 Park street."
"P07 got it," Frank said in the mic, "I am very close to this place. Drive there." They found the shop very quickly and drove up to the white car. Then they got out of the car and hid behind it. The woman in new red dress ran out of the shop. She

nových červených šatech vyběhla z krámu. Položila nějaké šaty na policejní vůz a utíkala zpátky do obchodu. Udělala to rychle. Neviděla, že to bylo policejní auto!

"Zatraceně! Zapomněl jsem svou zbraň na policejní stanici!" - řekl Frank. Mike a Stefan pohlédli na seržanta Steina a pak překvapeně jeden na druhého. Policista byl tak zmatený, že Stefan a Mike pochopili, že mu musí pomoct. Žena vyběhla z obchodu znovu, položila pár šat na policejní vůz a utíkala zpátky. Pak Stefan řekl Frankovi: "Můžeme předstírat, že máme zbraně."

"Jdeme na to," Frank odpověděl, "Ale vy nevstávejte. Zloději můžou mít zbraně," řekl a pak vykřikl, "Mluví policie! Každý, kdo je uvnitř v obchodě, dejte ruce za hlavu a pomalu jeden po druhém vyjděte z obchodu!"

Chvilku čekali. Nikdo nevyšel. Pak Mike dostal nápad.

"Jestli nevyjdete ven, pošleme na vás policejního psa!" zvolal a pak zaštěkal jako velký vzteklý pes. Lupiči okamžitě vyběhli ven s rukama vzhůru. Frank jim rychle nasadil pouta a naložil je do policejního auta. Pak řekl Mikeovi: "To byl skvělý nápad, předstírat, že máme psa! Víš, zapomněl jsem si svou pistoli již dvakrát. Pokud se dozví, že jsem si ji zapomněl potřetí, mohou mě vyhodit nebo mě nechají pracovat v kanceláři. Nebudete o tom nikomu říkat, že ne?"

"Jistě, že ne!" řekl Mike.

"Nikdy," řekl Stefan.

"Děkuji vám mockrát za pomoc, kluci!" Frank jim silně potřásl rukou.

put some dresses on the police car and ran back in the shop. The woman did it very quickly. She did not see that it was a police car!

"Damn it! I forgot my gun in the police station!" Frank said. Mike and Stefan looked at the sergeant Stein and then surprised at each other. The policeman was so confused that Stefan and Mike understood they must help him. The woman ran out of the shop again, put some dresses on the police car and ran back. Then Stefan said to Frank: "We can pretend that we have guns."

"Let's do it," Frank answered, "But you do not get up. The thieves may have guns." he said and then cried, "This is the police speaking! Everybody who is inside the shop put your hands up and come slowly one by one out of the shop!" They waited for a minute. Nobody came out. Then Mike had an idea.

"If you will not come out now, we will set the police dog on you!" he cried and then barked like a big angry dog. The thieves ran out with hands up immediately. Frank quickly put handcuffs on them and got them to the police car. Then he said to Mike: "It was a great idea pretending that we have a dog! You see, I have forgotten my gun two times already. If they learn that I have forgotten it for the third time, they may fire me or make me do office work. You will not tell anybody about it, will you?"

"Sure, not!" Mike said.

"Never," Stefan said.

"Thank you very much for helping me, guys!" Frank shook their hands strongly.

28

Policejní hlídka (část 2)
The police patrol (part 2)

A

Slovní zásoba
Words

1. bezvědomí - unconscious
2. chytrý - clever
3. ještě - yet
4. kapsa - pocket
5. koho - whose
6. loupež - robbery
7. lupič, zloděj - robber
8. mobilní telefon - mobile
9. můj - mine
10. muži - men
11. nákupní centrum - shopping center
12. někdo - somebody
13. obvyklý - usual
14. ochránit - to protect
15. odjel, pryč - gone
16. odpověděl - answered
17. odraz, odrazit se - ricochet
18. omluvit (se) - to excuse; Omluvte mě. - Excuse me.
19. otevřený, otevřel - opened
20. otočil (se) - turned
21. pokladna - cash
22. pokladna - cash register; pokladní - cashier, teller
23. s pozdravem - yours sincerely
24. sklo - glass
25. stisknout - to press
26. tajně, potajnu - secretly
27. taky - either, too, also
28. telefon – phone; telefonovat - to phone
29. tlačítko - button
30. trezor - safe
31. ukradl - stolen
32. včera - yesterday
33. viděl - saw
34. vystřelil - shot
35. vzal - taken
36. (za)zvonil - rang
37. zřídka - seldom

B

Policejní hlídka (část 2)

Příští den doprovázeli Mike a Stefan Franka znovu. Stáli poblíž velkého nákupního střediska, když k nim přišla jakási žena.
"Můžete mi prosím pomoct?" - zeptala se.
"Jistě, paní. Co se stalo?" - zeptal se Frank.
"Můj mobilní telefon je pryč. Myslím, že mi ho někdo ukradl."
"Dnes jste jej používala?" - zeptal se policista.
"Použila jsem jej, než jsem vyšla z nákupního centra," odpověděla.
"Pojďme dovnitř," řekl Frank. Šli do nákupního centra a rozhlédli se. Byla tam spousta lidí.
"Zkusme jeden starý trik," řekl Frank a vytáhl svůj telefon z kapsy, "Jaké je vaše telefonní číslo?" - zeptal se ženy. Řekla mu jej a on zavolal na její telefonní číslo. Mobilní telefon zazvonil nedaleko od nich. Šli na místo, kde bylo slyšet zvonění. Byla zde dlouhá fronta. Muž ve frontě pohlédl na policistu a pak rychle odvrátil hlavu. Policista se přiblížil a poslouchal pozorně. Telefon se rozezvonil v kapse muže.
"Promiňte," řekl Frank. Muž se na něj podíval.
"Promiňte, váš telefon zvoní," řekl Frank.
"Kde?" - zeptal se muž.
"Tady v kapse," řekl Frank.
"Ne, nezvoní," řekl muž.
"Ale ano, zvoní," řekl Frank.
"To není moje," řekl muž.
"Potom, koho telefon vám to zvoní v kapse?" - zeptal se Frank.
"Nevím," odpověděl muž.
"Ukažte mi jej, prosím," řekl Frank a vyndal telefon z kapsy muže.
"Ach, ten je můj!" - vykřikla žena.
"Vezměte si svůj telefon, paní," řekl Frank a podal jí ho.
"Mohu, pane?" - požádal Frank a dal svou ruku do mužovy kapsy znovu. Vytáhl další telefon, a pak ještě jeden.
"Taky nejsou vaše?" - zeptal se Frank muže.
Muž zavrtěl hlavou a odvrátil zrak.

The police patrol (part 2)

Next day Mike and Stefan were accompanying Frank again. They were standing near a big shopping centre when a woman came to them.
"Can you help me please?" she asked.
"Sure, madam. What has happened?" Frank asked.
"My mobile phone is gone. I think it has been stolen."
"Has it been used today?" the policeman asked.
"It had been used by me before I went out of the shopping centre," she answered.
"Let's get inside," Frank said. They went into the shopping centre and looked around. There were many people there.
"Let's try an old trick," Frank said taking out his own phone, "What is your telephone number?" he asked the woman. She said and he called her telephone number. A mobile telephone rang not far from them. They went to the place where it was ringing. There was a queue there. A man in the queue looked at the policeman and then quickly turned his head away. The policeman came closer listening carefully. The telephone was ringing in the man's pocket.
"Excuse me," Frank said. The man looked at him.
"Excuse me, your telephone is ringing," Frank said.
"Where?" the man said.
"Here, in your pocket," Frank said.
"No, it is not," the man said.
"Yes, it is," Frank said
"It is not mine," the man said.
"Then whose telephone is ringing in your pocket?" Frank asked.
"I do not know," the man answered.
"Let me see, please," Frank said and took the telephone out of the man's pocket.
"Oh, it is mine!" the woman cried.
"Take your telephone, madam," Frank said giving it to her.
"May I, sir?" Frank asked and put his hand in the man's pocket again. He took out another telephone, and then one more.
"Are they not yours either?" Frank asked the man.

"Jaké podivné telefony!" vykřikl Frank, "Utekly od svých majitelů a skočily do kapsy tohoto muže! A teď zvoní v jeho kapsách, viďte?"
"Ano, jsou," řekl muž.
"Víte, mým úkolem je chránit lidi. A já vás ochráním před nimi. Nastupte si do mého auta a já vás vezmu na místo, kde žádný telefon neumí skočit do kapsy. Jedeme na policejní stanici," řekl policista. Pak vzal muže za rameno a odvedl ho do policejního auta.
"Mám rád hloupé zločince," Frank Stein se usmál poté, co odvezli zloděje na policejní stanici.
"Už jste někdy potkal chytré zloděje?" - zeptal se Stefan.
"Ano. Ale to se stane velmi zřídka," odpověděl policista, "Protože je velmi těžké chytit chytrého zločince."
Mezitím přišli do Deutsche Bank dva lidé. Jeden z nich zaujmul místo ve frontě. Další přišel k pokladně a podal jakýsi papír pokladníkovi. Pokladník vzal papír a četl:
"Vážený pane,
tohle je loupež Deutsche Bank. Navalte všechny prachy. Jestli to neuděláte, pak budu střílet.
Děkuji.
S pozdravem,
Robert"
"Myslím, že vám můžu pomoct," řekl pokladník a tajně stisknul tlačítko alarmu, "Ale peníze jsem včera uzamkl do trezoru. Trezor ještě nebyl otevřen. Poprosím někoho, aby otevřel trezor a přinesl peníze. Dobře?"
"Dobře! Ale rychle!" - odpověděl lupič.
"Mám vám udělat šálek kávy, dokud se peníze ukládají do pytlů?" - zeptal se pokladník.
"Ne, děkuji. Jenom peníze," - lupič odpověděl.
Rádio v policejním autě P07 začalo mluvit:
"Pozor, všem hlídkám. Máme tu loupež, alarm z Deutsche Bank."
"P07, příjem" odpověděl seržant Stein. Šlápl na plyn až na maximum a vůz se rychle rozjel. Když dojeli k bance, nebylo zde ještě žádné další policejní auto.
"Uděláme zajímavou zprávu, pokud půjdeme dovnitř," řekl Stefan.
"Vy, kluci, dělejte, co potřebujete. A já přijdu

The man shook his head looking away.
"What strange telephones!" Frank cried, "They ran away from their owners and jump into the pockets of this man! And now they are ringing in his pockets, aren't they?"
"Yes, they are." the man said.
"You know, my job is to protect people. And I will protect you from them. Get in my car and I will bring you to the place where no telephone can jump in your pocket. We go to the police station." the policeman said. Then he took the man by the arm and took him to the police car.
"I like silly criminals," Frank Stein smiled after they had taken the thief to the police station.
"Have you met smart ones?" Stefan asked.
"Yes, I have. But very seldom," the policeman answered. "Because it is very hard to catch a smart criminal."
Meanwhile two men came into the Deutsche Bank. One of them took a place in a queue. Another one came up to the cash register and gave a paper to the cashier. The cashier took the paper and read:
"Dear Sir,
this is a robbery of the Deutsche Bank. Give me all the cash. If you do not, then I will use my gun.
Thank you.
Sincerely yours,
Robert"
"I think I can help you," the cashier said pressing secretly the alarm button, "But the money had been locked by me in the safe yesterday. The safe has not been opened yet. I will ask somebody to open the safe and bring the money. Okay?"
"Okay! But do it quickly!" the robber answered.
"Shall I make you a cup of coffee while the money is being put in bags?" the cashier asked.
"No, thank you. Just money," the robber answered.
The radio in the police car P07 began to talk:
"Attention all the patrols. We have got a robbery alarm from the Deutsche Bank."
"P07 got it." sergeant Stein answered. He stepped on the gas up to the stop and the car started quickly. When they drove up to the bank, there was no other police car yet.
"We will make an interesting report if we go inside." Stefan said.
"You guys do what you need. And I will come inside through the back door." sergeant Stein said. He took out his gun and went quickly to the

dovnitř zadními dveřmi," řekl seržant Stein. Vytáhl svou zbraň a rychle přešel k zadnímu vchodu banky. Stefan a Mike vešli do banky přes hlavní dveře. Spatřili muže stojícího u pokladny. Měl jednu ruku v kapse a rozhlédl se. Muž, který přišel s ním, odstoupil z fronty a přistoupil k němu.
"Kde jsou peníze?" - zeptal se Roberta.
"Hannesi, pokladník řekl, že je ukládají do pytlů," odpověděl druhý lupič.
"Už mě nebaví čekat!" - řekl Hannes. Vytáhl pistoli a namířil ji směrem k pokladníkovi, "Přineste všechny peníze teď!" - vykřikl lupič na pokladníka. Pak šel do středu místnosti a zvolal: "Poslouchejte mě všichni! Tohle je loupež! Nikdo ani hnout!" V tom okamžiku se někdo u pokladny pohnul. Lupič se zbraní, aniž by pohlédl na něj, vystřelil. Další lupič upadl na podlahu a zvolal: "Hannesi! Ty hloupá opice! Sakra! Střelil jsi do mě!"
"Ach, Roberte! Neviděl jsem, že jsi to byl ty!" - řekl Hannes. V tom momentě pokladní rychle vyběhl ven.
"Pokladní utekl a peníze zde ještě nejsou!" - zvolal Hannes na Roberta, "Policie zde může být brzy! Co budeme dělat?"
"Vem něco velkého, rozbij sklo a vezmi peníze. Rychle!" - zvolal Robert. Hannes vzal kovovou židli a udeřil do skla pokladny. To ovšem nebylo obvyklé sklo a nerozbilo se. Ale křeslo se odrazilo zpátky a narazilo do lupičovy hlavy! Svalil se na podlahu v bezvědomí. V té chvíli seržant Stein vběhl dovnitř a rychle spoutal zloděje. Obrátil se k Stefanovi a Mikeovi.
"Jak jsem říkal! Většina zločinců jsou hlupáci!" - řekl.

back door of the bank. Stefan and Mike came into the bank through the central door. They saw a man standing near the cash register. He put one hand in his pocket and looked around. The man who came with him, stepped away from the queue and came up to him.
"Where is the money?" he asked Robert.
"Hannes, the cashier has said that it is being put in bags," another robber answered.
"I am tired of waiting!" Hannes said. He took out a gun and pointed it to the cashier, "Bring all the money now!" the robber cried at the cashier. Then he went to the middle of the room and cried: "Listen all! This is a robbery! Nobody move!" At this moment somebody near the cash register moved. The robber with the gun without looking shot at him. Another robber fell on the floor and cried: "Hannes! You silly monkey! Damn it! You have shot me!"
"Oh, Robert! I did not see that it was you!" Hannes said. At this moment the cashier quickly ran out.
"The cashier has run away and the money has not been taken here yet!" Hannes cried to Robert, "The police may arrive soon! What shall we do?"
"Take something big, break the glass and take the money. Quickly!" Robert cried. Hannes took a metal chair and hit the glass of the cash register. It was of course not usual glass and it did not break. But the chair went back by ricochet and hit the robber on the head! He fell on the floor unconsciously. At this moment sergeant Stein ran inside and quickly put handcuffs on the robbers. He turned to Stefan and Mike.
"I did say! Most criminals are just silly!" he said.

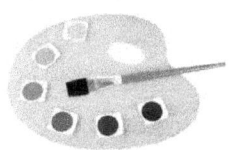

29

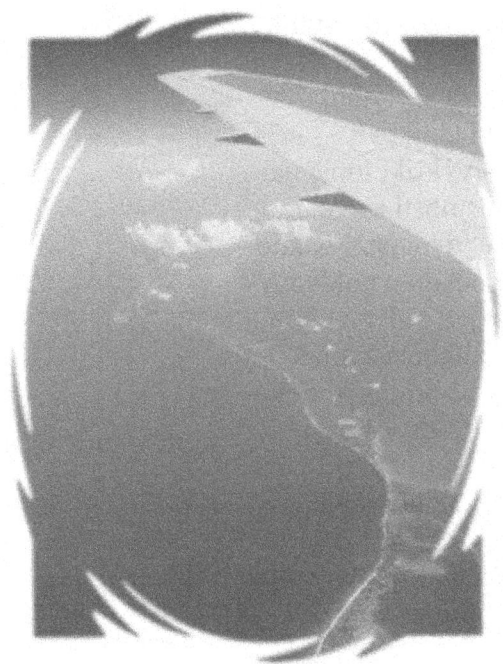

Škola pro zahraniční studenty (ŠZS) a au pair
School for Foreign Students (SFS) and au pair

A

Slovní zásoba
Words

1. bydlel, žil - lived
2. datum - date
3. dcera - daughter
4. dopis - letter
5. dvakrát - twice
6. e-mail - e-mail
7. hostitel - host
8. hostitelská rodina - the host family
9. (internetová/webová) stránka - Internet site
10. jednou - once
11. konkurz, soutěž - competition
12. kurz - course
13. možnost - possibility
14. naděje – hope; doufat - to hope
15. napsal - wrote
16. navštívil - visited
17. nejbližší - nearest
18. nespravedlivý - unfair
19. odkdy - since (temporal); jelikož, když - as, since (kausal)
20. osoba - person
21. poslal - sent
22. přijít - to join
23. problém - problem

24. Severní Amerika a Eurasie - North America and Eurasia
25. sluha - servant
26. smlouva, dohoda - agreement
27. Spojené státy (americké)/USA - the United States/the USA
28. standardní - standard
29. starší - elder
30. strávil, vypršel, už byl - passed
31. také - also
32. účastník - participant
33. učit se - learning
34. vesnice - village
35. vybrat, zvolit, rozhodnout - to choose
36. vybrat si, zvolit si, rozhodnout se pro - chose
37. zaplatit - to pay
38. zaplatil - paid
39. zavolal - called
40. země, krajina - country
41. změnit, vyměnit - to change
42. změna, výměna - change

Škola pro zahraniční studenty (ŠZS) a au pair

Mikova sestra, bratr a rodiče žili ve Spojených státech. Bydleli v Chicagu. Sestra se jmenovala Sofie. Bylo jí dvacet let. Učila se německy od jedenácti let. Když Sofii bylo patnáct, chtěla se zúčastnit programu SZŠ. SZŠ nabízí možnost, aby někteří středoškoláci ze Severní Ameriky a Eurasie strávili celý jeden rok v Německu, žili v hostitelské rodině a studovali na německé škole. Program je zdarma. Letenky, bydlení s rodinou, jídlo a studium na německé škole jsou hrazené SZŠ. Ale když se dozvěděla o datu konkurzu z internetové stránky, zjistila, že konkurz už byl.
Pak se dozvěděla o programu pro au pair. Tento program nabízí svým účastníkům možnost strávit rok nebo dva v jiné zemi Evropy, bydlet v hostitelské rodině, starat se o děti a vzdělávat se v jazykovém kurzu. Protože Mike studoval v Bremerhavenu, Sofie mu napsala e-mail. Požádala ho, aby pro ni našel hostitelské rodiny v Německu. Mike se podíval do pár novin a na internetové stránky s reklamami. Našel nějaké hostitelské rodiny z Německa na http://www.aupair-world.net/ a na http://www.placementaupair.com/. Pak Mike návštívil au pair agenturu v Bremerhavenu. Měl konzultaci se ženou. Jmenovala se Frauke Stamm. "Moje sestra je ze Spojených států. Chtěla by být au pair v německé rodině. Pomůžete mi, jak na to?" -

School for Foreigner Students (SFS) and au pair

Mike's sister, brother and parents lived in the United States. They lived in Chicago. The sister's name was Sofia. She was twenty years old. She had learned German since she was eleven years old. When Sofia was fifteen years old, she wanted to take part in the program SFS. SFS gives the possibility for some high school students from North America and Eurasia to spend a year in Germany, living with a host family and studying in a German school. The program is free. Airplane tickets, living with a family, food, studying at German school are paid by SFS. But by the time when she got the information about the competition date from the Internet site, the competition day had passed.
Then she learned about the program de au pair. This program gives its participants the possibility to spend a year or two in another country of Europe living with a host family, looking after children and learning at a language course. Since Mike was studying in Bremerhaven, Sofia wrote him an e-mail. She asked him to find a host family for her in Germany. Mike looked through some newspapers and Internet sites with adverts. He found some host families from Germany on http://www.aupair-world.net/ and on http://www.placementaupair.com/. Then Mike visited an au pair agency in Bremerhaven. He was consulted by a woman. Her name was Frauke Stamm.

zeptal se Mike paní Frauke.
"Samozřejmě, ráda vám poskytnu pomoc. Máme místa pro au pair v rodinách po celém Německu. Au pair je osoba, která přijde k hostitelské rodině na výpomoc kolem domu a pro péči o děti. Hostitelská rodina poskytuje au pair jídlo, pokoj a kapesné. Kapesné může být od 200 do 600 EUR. Hostitelská rodina musí zaplatit au pair jazykový kurz," řekla Frauke.
"Jsou zde dobré a špatné rodiny?" - vyptával se Mike.
"Při výběru rodiny jsou dva problémy. Zaprvé, některé rodiny si myslí, že au pair je sluha, který musí udělat všechno v domě včetně vaření pro všechny členy rodiny, uklízení, praní, práce v zahradě atd., ale au pair není sluha. Au pair je jako starší dcera nebo syn rodiny, jež pomáhá rodičům s mladšími dětmi. Pro ochránu jejich práv, au pair musí vypracovat dohodu s hostitelskou rodinou. Nevěřte, když některé au pair agentury nebo hostitelské rodiny říkají, že používají "standartní" dohodu. Neexistují standartní dohody. Au pair může změnit kteroukoliv část dohody, pokud je nespravedlivá. Všechno, co bude au pair a hostitelská rodina dělat, musí být stanoveno v dohodě.
Druhým problémem je toto: Některé rodiny bydlí v malých vesnicích, v nichž nejsou jazykové kurzy a je zde málo míst, kam au pair může zajít ve volném čase. V této situaci je nezbytné zahrnout do dohody, že hostitelská rodina musí zaplatit za zpáteční lístek do nejbližšího velkoměsta, pokud tam au pair jezdí. Může to být jednou nebo dvakrát týdně."
"Jasně. Má sestra by chtěla rodinu z Bremerhavenu. Můžete najít nějaké dobré rodiny v tomhle městě?" - zeptal se Mike.
"No, máme asi dvacet rodin z Bremerhavenu," odpověděla Frauke. Zavolala některým z nich. Hostitelské rodiny byly rády, že by měly au pair ze Spojených států. Většina rodin chtěla obdržet dopis s fotografií Sofie. Některé z nich také chtěly telefon na ni, aby se ujistily, že umí trochu německy. Takže Mike jim dal její telefonní číslo.
Některé hostitelské rodiny Sofii zavolaly. Pak jim poslala dopisy. Nakonec se rozhodla pro vhodnou rodinu a s pomocí Frauke vypracovala dohodu.

"My sister is from United States. She would like to be an au pair with a German family. Can you help on this matter?" Mike asked Frauke.
"I will be glad to help you. We place au pairs with families all over Germany. An au pair is a person who joins a host family to help around the house and look after children. The host family gives the au pair food, a room and pocket money. Pocket money may be from 200 to 600 euros. The host family must pay for a language course for the au pair as well," Frauke said.
"Are there good and bad families?" Mike asked.
"There are two problems about choosing a family. First some families think that an au pair is a servant who must do everything in the house including cooking for all family members, cleaning, washing, working in the garden etc. But an au pair is not a servant. An au pair is like an elder daughter or son of the family who helps parents with younger children. To protect their rights au pairs must work out an agreement with the host family. Do not believe it when some au pair agencies or host families say that they use a "standard" agreement. There is no standard agreement. The au pair can change any part of the agreement if it is unfair. Everything that an au pair and host family will do must be written in an agreement.
The second problem is this: Some families live in small villages where there are no language courses and few places where an au pair can go in free time. In this situation it is necessary to include in the agreement that the host family must pay for two way tickets to the nearest big town when the au pair goes there. It may be once or twice a week."
"I see. My sister would like a family from Bremerhaven. Can you find a good family in this city?" Mike asked.
"Well, there are about twenty families from Bremerhaven now," Frauke answered. She telephoned some of them. The host families were glad to have an au pair from United States. Most of the families wanted to get a letter with a photograph from Sofia. Some of them also wanted to telephone her to be sure that she can speak German a little. So Mike gave them her telephone number.
Some host families called Sofia. Then she sent

Rodina zaplatila za letenku ze Spojených států do Německa. Nakonec Sofia vyrazila do Německa plná nadějí a snů.

them letters. At last she chose a suitable family and with the help of Frauke worked out an agreement with them. The family paid for the ticket from United States to Germany. At last Sofia started for Germany full of hopes and dreams.

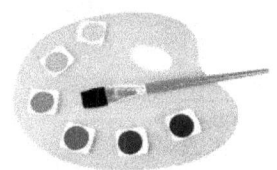

Slovník česko-anglický

a - and
ačkoliv - although
adresa - address
agentura - agency
ahoj - hi
Ach! - Oh!
alarm - alarm
ale - but
Američan - American
ano - yes
asi - about
aspirin - aspirin
atd. - etc.
auto - car
autobus - bus
banka - bank
běhat, bežet - to run
bez - without
beze slova - without a word
bezpečnostní pásy - seat belts
bezvědomí - unconscious
bežet, utíkat - walking
bežící - running
bílý - white
bledý - pale
blízkost - nearness
blíž - closer
bratr - brother
brzda - brake
brzdit - to brake
brzo - soon
budoucí - future
budu, budeš, bude - will
bunda - jacket
bydlel, žil - lived
bydlet - to live
bydliště - living
byl - war - was
byli - were
být - to be
být líto - to be sorry
CD - CD
celoroční - all-round
cena - price
centrum - centre
centrum města - city centre
cesta - way

cestovat - to travel
co – what; Co se děje? Co se stalo? - What is the matter? Co to je? - What is this?
cokoliv - anything
čaj - tea
čas - time
časopis, magazín - magazine
část - part
často - often
čekal - waited
čekat - to wait
černý - black
červený - red
číča - pussycat
číslo - number
číst - to read
čistit, uklízet - to clean
čistý, čistotný - clean
člen - member
člověk, lidská bytost - human
čtoucí - reading
čtvrtý - fourth
čtyři - four
čtyřiačtyřicet - forty-four
dál - further
dal - gave
daleko - far
datum - date
dávat pozor (na) - pay attention to
dcera - daughter
děkuji - thank you, thanks
dělat si starosti - to worry
dělat, udělat (si) - to make
dělník - worker
den - day
desátý - tenth
deset - ten
design - design
déšť - rain
děti - children
devátý - ninth
devět - nine
dítě - child
díval se - looked
dívat (se) - to look
dlohý - long
dnes - today

do - into
dobrodružství - adventure
dobrý - fine
dobrý den - hello
dobře, OK - good, well, okay, OK
docela, vcelku, celkem - quite
dokud - until
dole - down
domáci mazlíček/zvíře - pet
domácí úkol - homework
domov - home
dopis - letter, note
doporučení - recommendation
doporučil - recommended
doporučit - to recommend; doporučovat - to recommend
doprava - transport
doprovázel - accompanied
doprovodit - to accompany
dostat - to get
dotazník - questionnaire
doufat - to hope
dozvěděl se o - learned about
drahý - dear
druh - kind, type
druhé jméno - middle name
druhý - second
důležitý - important
dům - house
duševní práce - mental work
důvod - reason
dva (masc.), dvě (fem.) - two
dvacet - twenty
dvakrát - twice
dvanáct - twelve
DVD - DVD
dveře - door
dvůr - yard
džbán - jar
editor - editor
elektrický - electric
Elmar je starší než Linda. - Elmar is older than Linda.
e-mail - e-mail
energie - energy
farma - farm
film - film
Film trvá víc než tři hodiny - The movie is more than three hours long
finance - finance

firma - firm
firmy - firms
formulář - form
fotograf - photographer
fotografovat - to photograph
fronta - queue
fyzická/manuální práce - manual work
guma - rubber
Hej! - Hey!
hezký - nice
hladový - hungry
hlas - voice
hlava - head
hlavní, centrální - central
hlídka - patrol
hloupý - silly
hodina - hour
hodinky - watch
hodiny - o'clock
hodně, mnoho, spousta - much, many
holka - girl
host - guest
hostitel - host
hostitelská rodina - the host family
hotel - hotel
hotely - hotels
hotovo - finished
hotový - ready
hračka - toy
hrát - to play
hrát (si) - playing
hudba - music
hvězda - star
hvězdička - asterisk
chemický - chemical(adj)
chemie - chemistry
chemikálie - chemicals
chlad - coldness
chladný - cold (adj)
chléb - bread
chodidlo - foot
chtěl - wanted
chtít - to want
chutný - tasty
chvíle - moment
chytnout - to catch
chytrý - clever, smart
informace - information
informoval - informed
inzerát - ad

inzerát, reklama - advert
inženýr - engineer
já - I
jak - how
jazyk - language
Je mi to líto. - I am sorry.
jeden - one
jeden po druhém - one by one
jedenáct - eleven
jedenadvacet - twenty-one
jednoduchý - simple
jednoho navíc - one more
jednotlivě - individually
jednou - once
Jedu do banky. - I go to the bank.
jeho - his; its (for neuter)
jeho postel - his bed
její kniha - her book
jejich - their
jelikož, když, protože - as, since(kausal)
jemu, mu - him
jen, pouze - only
jenom - just
ještě - yet
jet autobusem - to go by bus
jezdit na kole - to go by bike, to ride a bike
jezdit, řídit - to drive
jezero - lake
jež - which
jídlo - food
jiné - else
jiný - another, other
jíst - to eat
jistě - sure
jít - go
jít domů - go home
jízdenka - ticket
již - already
jméno - name
jmenovat - to name
Jsou dvě hodiny. - It is two o'clock.
kabel - cable
kalhoty - trousers
kámen - stone
kancelář - office
kapitán - captain
kapsa - pocket
káva - coffee
kavárna - café
kávovar - coffee-maker

každý den - daily
každý, každá, každé - every
kde - where
kdo - who
kdy - when
když, jelikož - as
kilometr - kilometer
klávesnice - keyboard
klíč - key
klobouk - hat
klokan - kangaroo
klub - club
kluk - boy, guy
kniha - book
knihovna - bookcase
kočka - cat
koho - whose
kolega - colleague
kolej (studentská) - dorms
kolem, podél - past, along
kolo - bike, wheel
komár - mosquito
kompozice, text, práce - composition
konec - finish
konečně - at last
konkurz, soutěž - competition
konstantní, nepřetržitý - constant
kontrola - control
kontrolovat - to check
konvice - kettle
konzultant - consultant
konzultovat - to consult
koordinace - co-ordination
kosatka - killer whale
kotě - kitten
koupelna - bathroom; vana - bath
koupelnový stolek - bathroom table
koupit - to buy
kousat - to bite
kov - metal
krabice - box
kráčet, jít - to walk
krásný - beautiful
krást - to steal
krátký - short
kreativní - creative
krmit - to feed
krok - step
krysa - rat
krystal - crystal

křičel - cried
křičet, plakat, řvát - to cry
Který stůl? - What table?
kterýkoliv - any
kuchař/kuchařka - cook
kuchyně - kitchen
kulatý - round
kurz - course
květina - flower
laser - laser
láska - love
lavice - desk
legrace, zábava - fun
lehko - slightly
lékárna - pharmacy
lékař, doktor - doctor
lekce - lesson
letecká přehlídka - airshow
letěl pryč - flew away
letoun, letadlo - airplane
lev - lion
levý - left
líbit se - to like
lidé - people
lídr, vůdce - leader
limit, maximum - limit
líp - better
list - sheet (of paper)
lít, sypat - to pour
loď - ship
loupež - robbery
lstivý, lstivě, šibalský - sly, slyly
lupič, zloděj - robber
majitel, vlastník - owner
malý - little, small
Mám hlad. - I am hungry.
mapa - map
máslo - butter
matka, máma - mother, mom
matrace - mattress
mě - me
medicínský - medical
měl - had
méně, míň - less
město - city, town
metoda - method
metr - meter
mezi - between
mezitím - meanwhile
mikrofon - microphone

miliarda - billion
milovaný - loved
milovat - to love
mimochodem - by the way
mimozemšťan, cizinec - alien
minuta - minute
mířil - pointed
mířit - to head, to go
místo - instead
mít - to have
mít na sobě (oblečené) - dressed
mít rád, líbit se - to like, to love
mít toho hodně - to have a lot of work
mladý - young
mluvit - to speak
mluvit s, povídat si - to talk
mnoho, hodně - lot
mobilní telefon - mobile
moct, umět - can
modrá - blue
mohl - could
moje - my
mokrý - wet
monotónní - monotonous
moře - sea
most - bridge
motor - engine
možnost - possibility
možný - possible
mrznout - to freeze
můj - mine
muset - must
Musím jít. - I must go.
muž - male, man
muži - men
Můžu/umím číst. - I can read.
my - we
myslet, rozmýšlet, zamyslet se - thinking, to think
myšlenka, nápad - idea
mýt, umývat - to wash
na - on
na shledanou - goodbye
na tvém místě - instead of you
na/za hodinu - hourly
nábytek - furniture
nadání, dar - gift
naděje - hope
nadnášet - to pitch
nahlas - aloud
najednou - suddenly

najít, naleznout - to find
nakladač - loader
náklaďák - truck
nákupní centrum - shopping center
naložit, nakládat - to load
náměstí - square
namísto, místo - instead of
naplnit - to fill up
například - for example
napsal - wrote
nás - us
nasednout, vkročit - to step
nashledanou, nashle - bye
nastartoval - started (to drive)
náš - our
našel - found
naštvaný - angry
navštívil - visited
ne - no
ne (zápor) - not
něco - something
Nedělej si starosti! - Do not worry!
nefunguje - out of order
nehoda - accident
nech nás - let us
nechat, dovolit - to let
nějaké - some
nejbližší - nearest
nejdřív - at first
nejmíň, nejméně - at least
někdo - somebody
někdy, občas - sometimes
několik - few
některý z vás - either of you
Němec, Němka - German
Německo - Germany
nenávidět, nesnášet - to hate
nesmět - must not
nespravedlivý - unfair
nesprávně - incorrectly
nevěřit vlastním očím - to not believe one's eyes
neznámý - strange
než - than
nic - nothing
nikdo - nobody
nikdy - never
noc - night
noha - leg
normálně - usually
normální - usual

nos - nose
novinář - journalist
noviny - newspaper
nový - new
občerstvení - snack
obecenstvo, diváci - audience
obchod - shop
obchody - shops
oblečení - clothes
oblíbený - favourite
oblíbený film - favourite film
obličej - face
obrázek, fotografie - picture
obsloužit, obluhovat - to serve
obtěžovat - to bother
obvyklý - usual
ocas - tail
oči - eyes
očištěný - cleaned
odešel - went away
odhadnout, ohodnotit - to estimate
odjel, pryč - gone
odjet, odcházet - to go away
odkdy - since (temporal)
odmítnout - to refuse
odpověď, odpovídat - answer
odpověděl - answered
odpovídat - to answer
odraz, odrazit se - ricochet
oheň - fire
ohlížet se kolem sebe - to look around
ohodnotil - estimated
ohřát - to warm up
ochránit - to protect
okamžitě - immediately
okna - windows
okno - window
oko - eye
olej - oil
omluvit (se) - to excuse
Omluvte mě. - Excuse me.
on - he
on/ona/ono má - he/she/it has
ona - she
oni, ony - they
opatrně, pozorně - carefully
opět - again
opice - monkey
opravdu - real
opravdu, skutečně - really

opravit - to correct
opustit - to leave
osivo - seed
osm - eight
osmý - eighth
osoba - person
osobní - personal
otec - dad
otevřený, otevřel - opened
otevřít - to open
otírat se - to rub
otočil (se) - turned
otočit - to turn
oznámit, informovat - to inform
pád - fall
padající - falling
padák - parachute
padat - to fall
padnout, padat - fallen
páchnoucí - stinking
pak, poté - then
pan - mister, Mr.
panenka - doll
panika - panic
panikařit - to panic
papír - paper
parašutista - parachutist
park - park
parky - parks
patnáct - fifteen
pátý - fifth
pěčlivý, opatrný - careful
pečovat, starat se o - to care
peníze - money
pera - pens
pero - pen
personální oddělení - personnel department
pes - dog
pěšky - on foot
pět - five
pětadvacet - twenty-five
pilot - pilot
pilulka - pill
pípnutí, znamení - beep
písek - sand
pistole - gun
pít - to drink
plán - plan
planeta - planet
plánovat - to plan

plavat - to swim
plný - full
plout, plavat - to float
plovoucí - floating
plyn - gas
plynule - fluently
po - after, past
poblíž - close
pobřeží - seashore, shore
pocit - feeling
počasí - weather
počítač - computer
pod - under
podat, dát - to hand
poděkovat - to thank
podlaha - floor
podtrhnout - to underline
pohár - cup
pohlaví - sex
pohnul se - moved
pokladna - cash; cash register
pokladní - cashier, teller
pokoj - room
pokoje - rooms
pokračoval v pozorování - continued to watch
pokračování - to be continued
pokračovat - to continue
pole - field
políbit, líbat se - to kiss
policie - police
policista - officer, policeman
polovina - half
položit - to place
Polsko - Poland
pomalu - quietly, slowly
pomoc - help; to help
pomocník - helper
pondělí - Monday
poradenství - consultancy
porozuměl, pochopil - understood
porozumět - to understand
porušovatel povolené rychlosti - speeder
pořád, ještě - still
posadit se - to sit; to sit down; to take a seat
poslal - sent
Poslouchám hudbu. - I listen to music.
poslouchat - to listen
postel - bed
postele - beds
poté - after that

potkal, poznal, poznat - met, to meet
potřebovat - need
pouta, želízka - handcuffs
používat - to use
povolání, profese - profession
pozice - position
pozorně poslouchat - to listen carefully
pozornost - attention
požádat, zeptat se - to ask
práce - job
pracoval - worked
pracovní agentura - job agency
pracující - working
pravidlo - rule
pravý - right
prázdný - blank, empty
pro - for
problém - problem
prodat - to sell
prodavač, prodavačka - shop assistant
program - program
programátor - programmer
prohnat se - rushed
pronásledování - pursuit
prosím - please
proti - against
protože - because
proud - current, flow
pryč - away
přátelský - friendly
před - ago; before
před rokem - a year ago
především - especially
přední - front
přední kola - front wheels
předstírat - to pretend
přehrávač CD - CD player
překladatel - translator
překročit povolenou rychlost - to speed
překvapení - surprise
překvapený - surprised
překvapit - to surprise
přes - over, across; through
přestávka - break, pause
příběh - story
přicházet - come, go
přijel - drove
přijet - to arrive
přijít - to get (somewhere); to join
příklad - example

přinést - to bring
připoutat se - fasten
připravit (se) - to prepare
příroda - nature
přirozeně - of course
přistát - to land
přišel, dorazil - arrived, came
přítel - boyfriend, friend
přítelkyně - girlfriend
psát - to write
pták - bird
půl - half
pustit na svobodu - to set free
rád - glad
radar - radar
radio - rádio
ráno - morning
rehabilitace, ošetření - rehabilitation
rehabilitovat, ošetřovat - to rehabilitate
reklama - advert
reportér - reporter
roční období, sézona - season
rodič - parent
rodina - family
rodinný stav - family status
rodný jazyk - native language
rok - year
rozkázat, přikázat, nařídit - to order
rozličný, různý, jiný - different
rozšířit - to spread
rozvinout, vyvinout - to develop
rubrika - rubric
ruka - arm
rychle - quick, quickly
rychlost - speed
řeč, projev - speech
řekl - said
řešení - solution, answer
říct - to say
říct, říkat - to tell, to say
řidič - driver
řidičský průkaz - driving license
řídit - to steer
s pozdravem - yours sincerely
s, se - with
sedadlo - seat
sedm - seven
sedmnáct - seventeen (hour)
sedmý - seventh
sekretářka - secretary

sem (směř) - here (a direction)
sen - dream
sendvič - sandwich
seriál - serial
seržant - sergeant
sestra - sister
Severní Amerika a Eurasie - North America and Eurasia
seznam - list
schody - stairs
schopnost - skill
schovat se - to hide
schovávačka - hide-and-seek
síla - strength
silnice - road
silný - strong, strongly
silný, silně - strong, strongly
siréna - siren
situace - situation
skákat - to jump
sklo - glass
skok - jump
skončit - to finish
skryl (se), schoval (se) - hid
slavnost - ceremony
slečna - Miss
slova, slovíčka - words
slovo, slovíčko - word
sluha - servant
sluchátko - phone handset
slyšel - heard
smál se - smiled
smát se - to laugh
smět - may
smlouva, dohoda - agreement
smrtelný - deadly
smutný - sad
snídaně - breakfast
snídat - to have breakfast
snít - to dream
sobota - Saturday
souhlasit - to agree
soused - neighbour
spadnout - to fall
spadnul - fell
spánek - sleeping
spát - to sleep
spisovatel - writer
Spojené státy (americké)/USA - the United States/the USA
společnost, podnik - company
spolknout - to swallow
spolu - together
sport - sport
sportovní kolo - sport bike
sportovní obchod - sport shop
správně - correct, correctly
stalo se - happened
standardní - standard
starší - elder
stát - to cost; to stand
stát se, přihodit se - to happen,
státní občanství, národnost - nationality
stav - status
Stefanova kniha - Stefan's book
stisknout - to press
sto - hundred
stoly - tables
strávil, vypršel, už byl - passed
stroj - machine
střecha - roof
student - student
studenti - students
studovat - to study
stůl - table
stydět se - to be ashamed; stydí se - he is ashamed
suchý - dry (adj)
supermarket - supermarket
sušit - to dry
svět - world
svobodný, nezadaný - single
syn - son
šance - chance
šedesát - sixty
šedivý - grey-headed
šedý - grey
šest - six
šestý - sixth
široký, široce - wide, widely
škola - school
školka - kindergarten
španěl - spaniel
španělský - Spanish
španělština - Spanish
špatně - bad
špinavý - dirty
šťastný - happy
štěně - puppy
štěstí - happiness
Švýcar - Swiss

Švýcarsko - Switzerland
tahat, (za)táhnout - to pull
tajemství - secret
tajemství, záhada - mystery
tajně, potajnu - secretly
tak - so
tak často, jak je to možné - as often as possible
také - also; as well; too
taky - either, too, also
taky, též - also
talíř - plate
tam - there
tančící - dancing
tančil - danced
tančit - to dance
tanker - tanker
taška - bag
táta, tatínek - daddy
tato kniha - this book
taxík - taxi
taxikář - taxi driver
teď - now
teď, právě - now
telefon - phone, telephone
telefonní centrum - call centre
telefonovat - to phone, to telephone
televize - television, TV-set
ten/ta/to samé - the same
tento, tato, toto - this
teplý - warm
text - text
těžký - difficult; hard
tisíc - thousand
tiše, potichu - silent, silently
tlačit, (po)strčit - to push
tlačítko - button
tma, tmavý - dark
to - it
To se mi líbí. - I like that.
toaleta, WC - toilet
trénovaný - trained
trénovat - to train
trezor - safe
trik - trick
trvat - to last, to take
třásl - shook
třást (se) - zittern - to shake
třetí - third
tři - three
třicet - thirty

třída - class
tvůj - your
ty - you
ty/vy - you
týden - week
tygr - tiger
tým - team
tyto - these, those
tyto věci - this stuff
ubohý - poor
účastník - participant
učebna - classroom
učebnice - textbook
učit se - learning; to learn
učitel - teacher
udělal - did
udělat zkoušku - to pass a test
udělat, dělat - to do
udeřit - to hit, to beat
Ucházet se o - to apply
ucho - ear
ukázal - showed
ukázat - to show
úkol - task
ukradl - stolen
ulice (pl.) - streets
ulice (sg.) - street
umělec - artist
umění - art
umyvadlo - washer
unavený - tired
uprchnout - run away
úsměv - smile
usmívat (se), usmát (se) - to smile
ustrašený - afraid
utrácet, trávit - to spend
úžasný - wonderful
užívat si, vychutnávat si - enjoy
v - in
v blízkosti, vedle, u - near, nearby, next
v jednu (hodinu) - at one o'clock
v půl deváté - at half past eight
v ten samý okamžik - at the same time
v, ve, vevnitř - at, inside
válka - war
vařící - cooking
vážně - seriously
včera - yesterday
věc - thing
večer - evening

věděl - knew
vědro - pail
věk - age
velký - big
velký-větší-největší - big-bigger-biggest
velmi - very
velryba - whale,
venku - outdoors
věřit, myslet - to believe
vesmír - space
vesmírná/kosmická loď - spaceship
vesnice - village
věta - phrase
veterinář - vet
větší - bigger
vhodný - suitable
víc - more
viděl - saw
video prodejna - video-shop
videokazeta - videocassette
vidět - to see
Vím, že tato kniha je zajímavá. - I know that this book is interesting.
vítr - wind
vkročil - stepped
vkročit, stoupnout - to step
vlak - train
vlastní - own
vlasy - hair
vlna - wave
voda - water
vodovodní kohoutek - tap
volat, telefonovat, zavolat - call; to call
volný - free
volný čas - free time
vrah - killer
vstávat - to get up
Vstávej! - Get up!
všechno - everything
všichni - all
všichni, každý - everybody
výborně - great
vybrat si, vybírat - to choose
vybrat si, zvolit si, rozhodnout se pro - chose
vybrat, zvolit, rozhodnout - to choose
vycpaný - stuffed; vycpaný parašutista - stuffed parachutist
vydavatelství - publishing
vydělat (si) - to earn

Vydělávám 10 eur na hodinu. - I earn 10 euros per hour.
vyjící - howling
vyložit - to unload
vypnout - to turn off
vypracovat, složit - to compose
vyrábět - to produce
vyrazit - to fire
vysoká škola - college
vysoký - high
vystoupit - to get off
vystřelil - shot
vysvětlit - to explain
výtah - lift
vyučovat - to teach
vzal - taken
vzal, odnesl - took
vzdělání - education
vzduch - air
vzít - to take
vzít si na sebe - to put on
vzpomínal si - remembered
vždy, pořád - always
z USA - from the USA
z, ze - from
za - behind
za/na hodinu - per hour
zábavný - funny
zabit, usmrcen - killed
začal - began
začít - to begin; to start
zahrádka - garden
záchranářský trik - life-saving trick
zachránit - to save
zachránit - to rescue
záchranná služba - rescue service
zajímavý - interesting
zákazník - customer
zaměstnavatel - employer
zápisník - notebook
zápisníky - notebooks
zaplatil - paid
zaplatit - to pay
zapnout - to turn on; zapnul - switched on
zapomenout - forget, to forget
zastavil se - stopped
zastavit - to stop
zaštěkal - barked
zatímco - while
zatracený - damn

zavolal - called
zavolat, zatelefonovat - to call on the phone
zavřený - closed
zavřít - to close
zaznamenat - to record
záznamník - answering machine
zda , pokud - if
zde (o místě) - here (a place),
zde je - here is
zdraví - health
zebra - zebra
zelený - green
Země - earth
země, krajina - country
zemědělec - farmer
zemřel - died
zemřít - to die
zeptal se - asked
zítra - tomorrow
zkoušet - to test
zkoušet, pokoušet se, snažit se - to try
zkouška - test
zkusil - tried
zkušenost - experience
zločinec - criminal
zloděj, lupič - thief
zloději, lupiči - thieves

zlostně - angrily
zmatený - confused
změna, výměna - change
změnit, vyměnit - to change
zmrzlina - ice-cream
znát se navzájem - to know each other
znát, umět - to know
zničit - destroy
zoo - zoo
zpět, zpátky - back
zpěvák - singer
zpívat - sing
zpráva - to report
zřídka - seldom
ztratit - to loose
zúčastnit se - to take part
zůstat - to remain
zvíře - animal
zvonění - ring
zvonil - rang
zvonit - to ring
že - that (conj)
železniční stanice - railway station
žena - female; woman
židle - chair
život - life
žlutý - yellow

Slovník anglicko-český

a year ago - před rokem
about - asi
accident - nehoda
accompanied - doprovázel
accompany *(v)* - doprovodit
ad - inzerát
address - adresa
adventure - dobrodružství
advert - inzerát, reklama
afraid - ustrašený
after - po
after that - poté
again - opět
against - proti
age - věk
agency - agentura
ago - před
agree *(v)* - souhlasit
agreement - smlouva, dohoda
air - vzduch
airplane - letoun, letadlo
airshow - letecká přehlídka
alarm - alarm
alien - mimozemšťan, cizinec
all - všichni
all-round - celoroční
along - kolem, podél
aloud - nahlas
already - již
also - také; taky, též
although - ačkoliv
always - vždy, pořád
American - Američan
and - a
angrily - zlostně
angry - naštvaný
animal - zvíře
another - jiný
answer - odpověď; odpovídat
answer *(v)* - odpovídat
answered - odpověděl
answering machine - záznamník
any - kterýkoliv
anything - cokoliv
apply *(v)* - ucházet se o
arm - ruka
arrive *(v)* - přijet

arrived - přišel, dorazil
art - umění
artist - umělec
as - když, jelikož
as often as possible - tak často, jak je to možné
as well - také
as, since(kausal) - jelikož, když
ask *(v)* - požádat, zeptat se
asked - zeptal se
aspirin - aspirin
asterisk - hvězdička
at - v, ve
at first - nejdřív
at half past eight - v půl deváté
at last - konečně
at least - nejmíň, nejméně
at one o'clock - v jednu (hodinu)
at the same time - v ten samý okamžik
attention - pozornost
audience - obecenstvo, diváci
away - pryč
back - zpět, zpátky
bad - špatně
bag - taška
bank - banka
barked - zaštěkal
bath - vana
bathroom - koupelna
bathroom table - koupelnový stolek
be *(v)* - být
be ashamed - stydět se
be continued - pokračování
be sorry - být líto
beautiful - krásný
because - protože
bed - postel
beds - postele
beep - pípnutí, znamení
before - před
began - začal
begin *(v)* - začít
behind - za
believe *(v)* - myslet, věřit
better - líp
between - mezi
big - velký
big-bigger-biggest - velký-větší-největší

bigger - větší
bike - kolo
billion - miliarda
bird - pták
bite *(v)* - kousat
black - černý
blank, empty - prázdný
blue - modrá
book - kniha
bookcase - knihovna
bother *(v)* - obtěžovat
box - krabice
boy - kluk
boyfriend - přítel
brake *(v)* - brzdit
brake, - brzda
bread - chléb
break, pause - přestávka
breakfast - snídaně
bridge - most
bring *(v)* - přinést
brother - bratr
bus - autobus
but - ale
butter - máslo
button - tlačítko
buy *(v)* - koupit
by the way - mimochodem
bye - nashledanou, nashle
cable - kabel
café - kavárna
call - volat, telefonovat
call *(v)* - volat, zavolat; to call on the phone - zavolat, zatelefonovat
call centre - telefonní centrum
called - zavolal
came - přišel
can - moct, umět
captain - kapitán
car - auto
care *(v)* - pečovat, starat se o
careful - pěčlivý, opatrný
carefully - opatrně, pozorně
cash - pokladna
cash register - pokladna
cashier, teller - pokladní
cat - kočka
catch *(v)* - chytnout
CD - CD
CD player - přehrávač CD

central - hlavní, centrální
centre - centrum
ceremony - slavnost
city - město
city centre - centrum města
class - třída
classroom - učebna
clean - čistý, čistotný
clean *(v)* - čistit, uklízet
cleaned - očištěný
clever - chytrý
close - poblíž
close *(v)* - zavřít
closed - zavřený
closer - blíž
clothes - oblečení
club - klub
coffee - káva
coffee-maker - kávovar
cold (adj) - chladný
coldness - chlad
colleague - kolega
college - vysoká škola
come, go - přicházet
company - společnost, podnik
competition - konkurz, soutěž
compose *(v)* - vypracovat, složit
composition - práce, kompozice, text
computer - počítač
confused - zmatený
constant - konstantní, nepřetržitý
consult *(v)* - konzultovat
consultancy - poradenství
consultant - konzultant
continue *(v)* - pokračovat
continued to watch - pokračoval v pozorování
control - kontrola
cook - kuchař/kuchařka
cooking - vařící
co-ordination - koordinace
correct *(v)* - opravit
correct, correctly - správně
cost *(v)* - stát
could - mohl
country - země, krajina
course - kurz
creative - kreativní
cried - křičel
criminal - zločinec
cry *(v)* - křičet, plakat, řvát

crystal - krystal
cup - pohár
current - proud
customer - zákazník
dad - otec
daddy - táta, tatínek
daily - každý den
damn - zatracený
dance *(v)* - tančit
danced - tančil
dancing - tančící
dark - tma, tmavý
date - datum
daughter - dcera
day - den
deadly - smrtelný
dear - drahý
design - design
desk - lavice
destroy - zničit
develop *(v)* - rozvinout, vyvinout
did - udělal
die *(v)* - zemřít
died - zemřel
different - jiný, rozličný, různý
difficult - těžký
dirty - špinavý
do *(v)* - udělat, dělat
Do not worry! - Nedělej si starosti!
doctor - lékař, doktor
dog - pes
doll - panenka
door - dveře
dorms - kolej (studentská)
down - dole
dream - sen
dream *(v)* - snít
dream, - sen
dressed - mít na sobě (oblečené)
drink *(v)* - pít
drive *(v)* - jezdit, řídit
driver - řidič
driving license - řidičský průkaz
drove - přijel
dry (adj) - suchý
dry (v) - sušit
DVD - DVD
ear - ucho
earn *(v)* - vydělat (si)
earth - Země

eat *(v)* - jíst
editor - editor
education - vzdělání
eight - osm
eighth - osmý
either of you - některý z vás
either, too, also - taky
elder - starší
electric - elektrický
eleven - jedenáct
Elmar is older than Linda. - Elmar je starší než Linda.
else - jiné
e-mail - e-mail
employer - zaměstnavatel
empty - prázdný
energy - energie
engine - motor
engineer - inženýr
enjoy - užívat si, vychutnávat si
especially - především
estimate *(v)* - odhadnout, ohodnotit
estimated - ohodnotil
etc. - atd.
evening - večer
every - každý, každá, každé
everybody - všichni, každý
everything - všechno
example - příklad
excuse *(v)* - omluvit (se)
Excuse me. - Omluvte mě.
experience - zkušenost
explain *(v)* - vysvětlit
eye - oko
eyes - oči
face - obličej
fall - pád
fall *(v)* – padat, spadnout
fallen - padnout, padat
falling - padající
family - rodina
family status - rodinný stav
far - daleko
farm - farma
farmer - zemědělec
fasten - připoutat se
favourite - oblíbený
favourite film - oblíbený film
feed *(v)* - krmit
feeling - pocit

fell - spadnul
female - žena
few - několik
field - pole
fifteen - patnáct
fifth - pátý
fill up - naplnit
film - film
finance - finance
find *(v)* - najít, naleznout
fine - dobrý
finish - konec
finish *(v)* - skončit
finished - hotovo
fire - oheň
fire *(v)* - vyrazit
firm - firma
firms - firmy
five - pět
flew away - letěl pryč
float *(v)* - plout, plavat
floating - plovoucí
floor - podlaha
flow - proud
flower - květina
fluently - plynule
food - jídlo
foot - chodidlo
for - pro
for example - například
forget - zapomenout
forget *(v)* - zapomenout
form - formulář
forty-four - čtyřiačtyřicet
found - našel
four - čtyři
fourth - čtvrtý
free - volný
free time - volný čas
freeze *(v)* - mrznout
friend - přítel
friendly - přátelský
from - z, ze
from the USA - z USA
front - přední
front wheels - přední kola
full - plný
fun - legrace, zábava
funny - zábavný
furniture - nábytek

further - dál
future - budoucí
garden - zahrádka
gas - plyn
gave - dal
German - Němec, Němka
Germany - Německo
get (something) - dostat (něco)
get (somewhere) - přijít
get off - vystoupit
get up - vstávat
Get up! - Vstávej!
gift - nadání, dar
girl - holka
girlfriend - přítelkyně
glad - rád
glass - sklo
go - jít
go away - odjet, odcházet
go by bike, to ride a bike - jezdit na kole
go by bus - jet autobusem
go home - jít domů
gone - odjel, pryč
good, well - dobře
goodbye - na shledanou
great - výborně
green - zelený
grey - šedý
grey-headed - šedivý
guest - host
gun - pistole
guy - kluk
had - měl
hair - vlasy
half - polovina; půl
hand *(v)* - podat, dát
handcuffs - pouta, želízka
happen *(v)* - stát se, přihodit se
happened - stalo se
happiness - štěstí
happy - šťastný
hard - těžký
hat - klobouk
hate *(v)* - nenávidět, nesnášet
have *(v)* – mít; have a lot of work - mít toho hodně; have breakfast - snídat
he - on
he is ashamed - stydí se
he/she/it has - on/ona/ono má
head - hlava

head *(v)* , to go - mířit
health - zdraví
heard - slyšel
hello - dobrý den
help; to help - pomoc
helper - pomocník
her book - její kniha
here (a direction) - sem (směř)
here (a place) - zde (o místě)
here is - zde je
Hey! - Hej!
hi - ahoj
hid - skryl (se), schoval (se)
hide *(v)* - schovat se
hide-and-seek - schovávačka
high - vysoký
him - jemu, mu
his - jeho
his bed - jeho postel
hit *(v)*, to beat - udeřit
home - domov
homework - domácí úkol
hope - naděje
hope *(v)* - doufat
host - hostitel
hotel - hotel
hotels - hotely
hour - hodina
hourly - na/za hodinu
house - dům
how - jak
howling - vyjící
human - člověk, lidská bytost
hundred - sto
hungry - hladový
chair - židle
chance - šance
change - změna, výměna
change *(v)* - změnit, vyměnit
check *(v)* - kontrolovat
chemical(adj) - chemický
chemicals - chemikálie
chemistry - chemie
child - dítě
children - děti
choose *(v)* - vybrat, zvolit, rozhodnout; vybrat si, vybírat
chose - vybrat si, zvolit si, rozhodnout se pro
I - já
I am hungry. - Mám hlad.

I am sorry. - Je mi to líto.
I can read. - Můžu/umím číst.
I earn 10 euros per hour. - Vydělávám 10 eur na hodinu.
I go to the bank. - Jedu do banky.
I know that this book is interesting. - Vím, že tato kniha je zajímavá.
I like that. - To se mi líbí.
I listen to music. - Poslouchám hudbu.
I must go. - Musím jít.
ice-cream - zmrzlina
idea - myšlenka, nápad
if - zda , pokud
immediately - okamžitě
important - důležitý
in - v
incorrectly - nesprávně
individually - jednotlivě
inform *(v)* - oznámit, informovat
information - informace
informed - informoval
inside - v, ve, vevnitř
instead - místo
instead of - namísto, místo
instead of you - na tvém místě
interesting - zajímavý
into - do
it - to
It is two o'clock. - Jsou dvě hodiny.
its (for neuter) - jeho
jacket - bunda
jar - džbán
job - práce
job agency - pracovní agentura
join *(v)* - přijít
journalist - novinář
jump - skok
jump *(v)* - skákat
just - jenom
kangaroo - klokan
kettle - konvice
key - klíč
keyboard - klávesnice
killed - zabit, usmrcen
killer - vrah
killer whale - kosatka
kilometer - kilometr
kind, type - druh
kindergarten - školka
kiss *(v)* - políbit, líbat se

kitchen - kuchyně
kitten - kotě
knew - věděl
know *(v)* - znát, umět; to know each other - znát se navzájem
lake - jezero
land *(v)* - přistát
language - jazyk
laser - laser
last *(v)*, to take - trvat
laugh *(v)* - smát se
leader - lídr, vůdce
learn *(v)* - učit se
learned about - dozvěděl se o
learning - učit se
leave *(v)* - opustit
left - levý
leg - noha
less - méně, míň
lesson - lekce
let *(v)* - nechat, dovolit
let us - nech nás
letter - dopis
life - život
life-saving trick - záchranářský trik
lift - výtah
like *(v)*, to love - mít rád, líbit se
limit - limit, maximum
lion - lev
list - seznam
listen *(v)* – poslouchat; to listen carefully - pozorně poslouchat
little - malý
live *(v)* - bydlet
lived - bydlel, žil
living - bydliště
load *(v)* - naložit, nakládat
loader - nakladač
long - dlohý
look *(v)* - dívat (se); to look around - ohlížet se kolem sebe
looked - díval se
loose *(v)* - ztratit
lot - mnoho, hodně
love - láska
love *(v)* - milovat
loved - milovaný
magazine - časopis, magazín
machine - stroj
make *(v)* - dělat, udělat (si)

male - muž
man - muž
manual work - fyzická/manuální práce
many, much - hodně
map - mapa
mattress - matrace
may - smět
me - mě
meanwhile - mezitím
medical - medicínský
meet *(v)* - potkat, poznat
member - člen
men - muži
mental work - duševní práce
met - potkal, poznal
metal - kov
meter - metr
method - metoda
microphone - mikrofon
middle name - druhé jméno
mine - můj
minute - minuta
Miss - slečna
mister, Mr. - pan
mobile - mobilní telefon
mom, mother - matka, máma
moment - chvíle
Monday - pondělí
money - peníze
monkey - opice
monotonous - monotónní
more - víc
morning - ráno
mosquito - komár
mother - matka
moved - pohnul se
much, many - hodně, mnoho, spousta
music - hudba
must - muset
must not - nesmět
my - můj, moje
mystery - tajemství, záhada
name - jméno
name *(v)* - jmenovat
nationality - státní občanství, národnost
native language - rodný jazyk
nature - příroda
near, nearby, next - v blízkosti, vedle, u
nearest - nejbližší
nearness - blízkost

need - potřebovat
neighbour - soused
never - nikdy
new - nový
newspaper - noviny
nice - hezký
night - noc
nine - devět
ninth - devátý
no - ne
nobody - nikdo
North America and Eurasia - Severní Amerika a Eurasie
nose - nos
not - ne (zápor)
note - dopis
notebook - zápisník
notebooks - zápisníky
nothing - nic
now - teď, právě
number - číslo
o'clock - hodiny
of course - přirozeně
office - kancelář
officer, policeman - policista
often - často
Oh! - Ach!
oil - olej
OK, well - dobře, OK
okay, well - dobře
on - na
on foot - pěšky
once - jednou
one - jeden
one by one - jeden po druhém
one more - jednoho navíc
only - jen, pouze
open *(v)* - otevřít
opened - otevřený, otevřel
order *(v)* - rozkázat, přikázat, nařídit
other - jiný
our - náš
out of order - nefunguje
outdoors - venku
over - přes
over, across - přes
own - vlastní
owner - majitel, vlastník
paid - zaplatil
pail - vědro

pale - bledý
panic - panika
panic *(v)* - panikařit
paper - papír
parachute - padák
parachutist - parašutista
parent - rodič
park - park
parks - parky
part - část
participant - účastník
pass a test - udělat zkoušku
passed - strávil, vypršel, už byl
past - kolem; po
patrol - hlídka
pay *(v)* - zaplatit
pay attention to - dávat pozor (na)
pen - pero
pens - pera
people - lidé
per hour - za/na hodinu
person - osoba
personal - osobní
personnel department - personální oddělení
pet - domácí mazlíček/zvíře
pharmacy - lékárna
phone - telefon
phone *(v)* - telefonovat
phone handset - sluchátko
photograph *(v)* - fotografovat
photographer - fotograf
phrase - věta
picture - obrázek, fotografie
pill - pilulka
pilot - pilot
pitch *(v)* - nadnášet
place *(v)* - položit
plan - plán
plan *(v)* - plánovat
planet - planeta
plate - talíř
play *(v)* - hrát
playing - hrát (si)
please - prosím
pocket - kapsa
pointed - mířil
Poland - Polsko
police - policie
poor - ubohý
position - pozice

possibility - možnost
possible - možný
pour *(v)* - lít, sypat
prepare *(v)* - připravit (se)
press *(v)* - stisknout
pretend *(v)* - předstírat
price - cena
problem - problém
produce *(v)* - vyrábět
profession - povolání, profese
program - program
programmer - programátor
protect *(v)* - ochránit
publishing - vydavatelství
pull *(v)* - tahat, (za)táhnout
puppy - štěně
pursuit - pronásledování
push *(v)* - tlačit, (po)strčit
pussycat - číča
put *(v)* on - vzít si na sebe
questionnaire - dotazník
queue - fronta
quick, quickly - rychle
quietly - pomalu
quite - docela, vcelku, celkem
radar - radar
rádio - radio
railway station - železniční stanice
rain - déšť
rang - zvonil
rat - krysa
read *(v)* - číst
reading - čtoucí
ready - hotový
real - opravdu
really - opravdu, skutečně
reason - důvod
recommend *(v)* - doporučit; doporučovat
recommendation - doporučení
recommended - doporučil
record *(v)* - zaznamenat
red - červený
refuse *(v)* - odmítnout
rehabilitate *(v)* - rehabilitovat, ošetřovat
rehabilitation - rehabilitace, ošetření
remain *(v)* - zůstat
remembered - vzpomínal si
report *(v)* - zpráva
reporter - reportér
rescue *(v)* - zachránit

rescue service - záchranná služba
ricochet - odraz, odrazit se
right - pravý
ring - zvonění
ring *(v)* - zvonit
road - silnice
robber - lupič, zloděj
robbery - loupež
roof - střecha
room - pokoj
rooms - pokoje
round - kulatý
rub *(v)* - otírat se
rubber - guma
rubric - rubrika
rule - pravidlo
run *(v)* - běhat, bežet
run away - uprchnout
running - bežící
rushed - prohnat se
sad - smutný
safe - trezor
said - řekl
sand - písek
sandwich - sendvič
Saturday - sobota
save *(v)* - zachránit
saw - viděl
say *(v)* - říct
sea - moře
seashore - pobřeží
season - roční období, sezóna
seat - sedadlo
seat belts - bezpečnostní pásy
second - druhý
secret - tajemství
secretary - sekretářka
secretly - tajně, potajnu
see *(v)* - vidět
seed - osivo
seldom - zřídka
sell *(v)* - prodat
sent - poslal
sergeant - seržant
serial - seriál
seriously - vážně
servant - sluha
serve *(v)* - obsloužit, obluhovat
set free - pustit na svobodu
seven - sedm

seventeen (hour) - sedmnáct
seventh - sedmý
sex - pohlaví
she - ona
sheet (of paper) - list
ship - loď
shook - třásl
shop - obchod
shop assistant - prodavač, prodavačka
shopping center - nákupní centrum
shops - obchody
shore - pobřeží
short - krátký
shot - vystřelil
show *(v)* - ukázat
showed - ukázal
school - škola
silent, silently - tiše, potichu
silly - hloupý
simple - jednoduchý
since (temporal) - odkdy
since, as - jelikož, protože
sing - zpívat
singer - zpěvák
single - svobodný, nezadaný
siren - siréna
sister - sestra
sit down *(v)* - posadit se
situation - situace
six - šest
sixth - šestý
sixty - šedesát
skill - schopnost
sleep *(v)* - spát
sleeping - spánek
slightly - lehko
slowly - pomalu
sly - lstivý
sly, slyly - lstivý, lstivě, šibalský
small - malý
smart - chytrý
smile - úsměv
smile *(v)* - usmívat (se), usmát (se)
smiled - smál se
snack - občerstvení
so - tak
solution, answer - řešení
some - nějaké
somebody - někdo
something - něco

sometimes - někdy, občas
son - syn
soon - brzo
space - vesmír
spaceship - vesmírná/kosmická loď
spaniel - španěl
Spanish - španělština, španělský
speak *(v)* - mluvit
speed - rychlost
speed *(v)* - překročit povolenou rychlost
speeder - porušovatel povolené rychlosti
speech - řeč, projev
spend *(v)* - utrácet, trávit
sport - sport
sport bike - sportovní kolo
sport shop - sportovní obchod
spread *(v)* - rozšířit
square - náměstí
stairs - schody
stand *(v)* - stát
standard - standardní
star - hvězda
start *(v)* - začít
started (to drive) - nastartoval
status - stav
steal *(v)* - krást
steer *(v)* - řídit
Stefan's book - Stefanova kniha
step - krok
step *(v)* - vkročit, stoupnout, nasednout
stepped - vkročil
still - pořád, ještě
stinking - páchnoucí
stolen - ukradl
stone - kámen
stop *(v)* - zastavit
stopped - zastavil se
story - příběh
strange - neznámý
street - ulice (sg.)
streets - ulice (pl.)
strength - síla
strong, strongly - silný, silně
student - student
students - studenti
study *(v)* - studovat
stuffed - vycpaný
stuffed parachutist - vycpaný parašutista
suddenly - najednou
suitable - vhodný

supermarket - supermarket
sure - jistě
surprise - překvapení
surprise *(v)* - překvapit
surprised - překvapený
swallow *(v)* - spolknout
swim *(v)* - plavat
Swiss - Švýcar
switched on - zapnul
Switzerland - Švýcarsko
table - stůl
tables - stoly
tail - ocas
take *(v)* – vzít; to take a seat - posadit se; to take part - zúčastnit se
taken - vzal
talk *(v)* - mluvit s, povídat si
tanker - tanker
tap - vodovodní kohoutek
task - úkol
tasty - chutný
taxi - taxík
taxi driver - taxikář
tea - čaj
teach *(v)* - vyučovat
teacher - učitel
team - tým
telephone - telefon
telephone *(v)* - telefonovat
television - televize
tell *(v)*, to say - říct, říkat
ten - deset
tenth - desátý
test - zkouška
test *(v)* - zkoušet
text - text
textbook - učebnice
than - než
thank *(v)* - poděkovat
thank you, thanks - děkuji
that (conj) - že
the host family - hostitelská rodina
The movie is more than three hours long - Film trvá víc než tři hodiny
the same - ten/ta/to samé
the United States/the USA - Spojené státy (americké)/USA
their - jejich
then - pak, poté
there - tam

these, those - tyto
they - oni, ony
thief - zloděj, lupič
thieves - zloději, lupiči
thing - věc
think *(v)* - myslet, rozmýšlet, zamyslet se
thinking - myslet
third - třetí
thirty - třicet
this - tento, tato, toto
this book - tato kniha
this stuff - tyto věci
thousand - tisíc
three - tři
through - přes
ticket - jízdenka
tiger - tygr
time - čas
tired - unavený
today - dnes
together - spolu
toilet - toaleta, WC
tomorrow - zítra
too - také
took - vzal, odnesl
town - město
toy - hračka
train - vlak
train *(v)* - trénovat
trained - trénovaný
translator - překladatel
transport - doprava
travel *(v)* - cestovat
trick - trik
tried - zkusil
trousers - kalhoty
truck - náklaďák
try *(v)* - zkoušet, pokoušet se, snažit se
turn *(v)* - otočit
turn off - vypnout
turn on - zapnout
turned - otočil (se)
TV-set - televize
twelve - dvanáct
twenty - dvacet
twenty-five - pětadvacet
twenty-one - jedenadvacet
twice - dvakrát
two - dva (masc.), dvě (fem.)
unconscious - bezvědomí

under - pod
underline *(v)* - podtrhnout
understand *(v)* - porozumět
understood - porozuměl, pochopil
unfair - nespravedlivý
unload *(v)* - vyložit
until - dokud
us - nás
use *(v)* - používat
usual - obvyklý; normální
usually - normálně
very - velmi
vet - veterinář
videocassette - videokazeta
video-shop - video prodejna
village - vesnice
visited - navštívil
voice - hlas
wait *(v)* - čekat
waited - čekal
walk *(v)* - kráčet, jít
walking - bežet, utíkat
want *(v)* - chtít
wanted - chtěl
war - válka
warm - teplý
warm up - ohřát
wash *(v)* - mýt, umývat
washer - umyvadlo
water - voda
watch - hodinky
wave - vlna
way - cesta
we - my
weather - počasí
week - týden
went away - odešel
were - byli
wet - mokrý
whale - velryba
what – co; What is the matter? - Co se děje? Co se stalo? What is this? - Co to je? What table? - Který stůl?

wheel - kolo
when - kdy
where - kde
which - jež
while - zatímco
white - bílý
who - kdo
whose - koho
wide, widely - široký, široce
will - budu, budeš, bude
wind - vítr
window - okno
windows - okna
with - s, se
without - bez
without a word - beze slova
woman - žena
wonderful - úžasný
word - slovo, slovíčko
words - slova, slovíčka
worked - pracoval
worker - dělník
working - pracující
world - svět
worry *(v)* - dělat si starosti
write *(v)* - psát
writer - spisovatel
wrote - napsal
yard - dvůr
year - rok
yellow - žlutý
yes - ano
yesterday - včera
yet - ještě
you - ty/vy
young - mladý
your - tvůj
yours sincerely - s pozdravem
zebra - zebra
zittern - to shake - třást (se)
zoo – zoo

* * *

www.ingramcontent.com/pod-product-compliance
Lightning Source LLC
Chambersburg PA
CBHW080346170426
43194CB00014B/2701